REPRODUCIBILITY

いつでも、どこでも、何度でも
卓越した成果をあげる

再現性の塊

田尻望
Nozomu Tajiri

かんき出版

はじめに

いつでも、どこでも、何度でも卓越した成果をあげる「再現性の塊」。

まったく成果をあげられない、偶然に成果をあげられたとしても、それが続けられない「再現性のない人材」。

実は、両者には「明確な違い」があります。

では、その違いとは、一体、何なのでしょうか。

図にして、お見せしましょう。

ページをめくってください。

図1 「再現性のない人材」の働き方

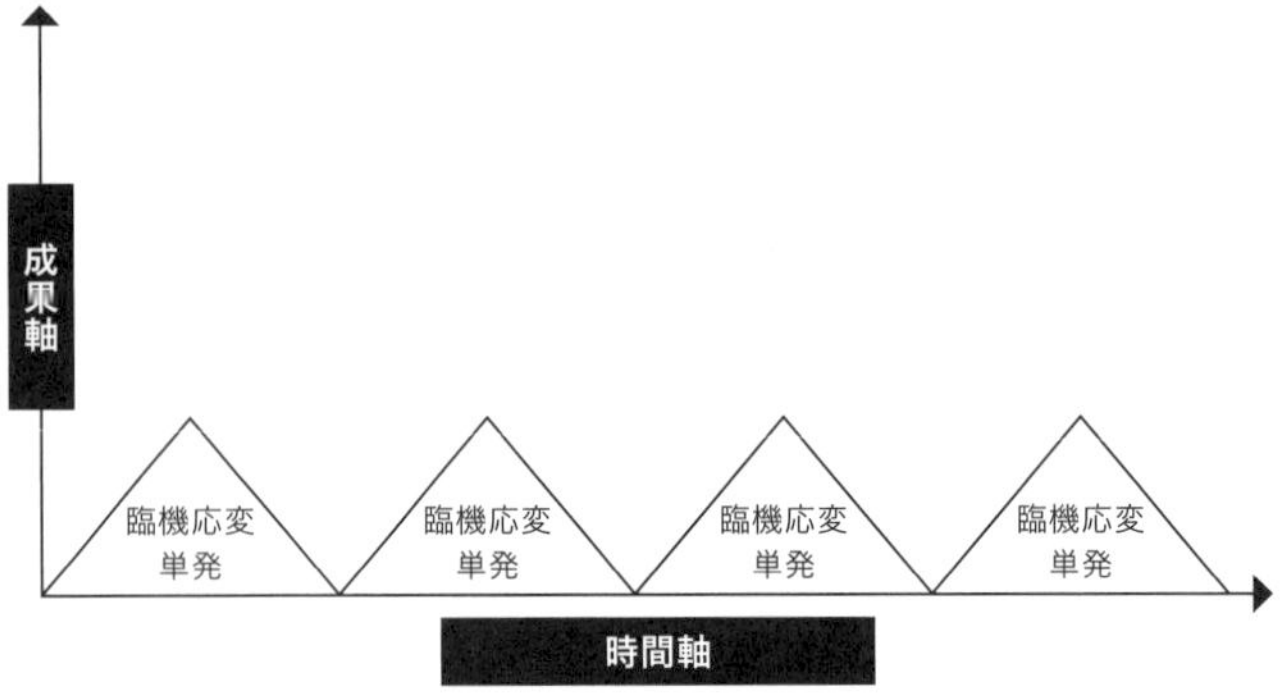

図2 「再現性の塊」の働き方

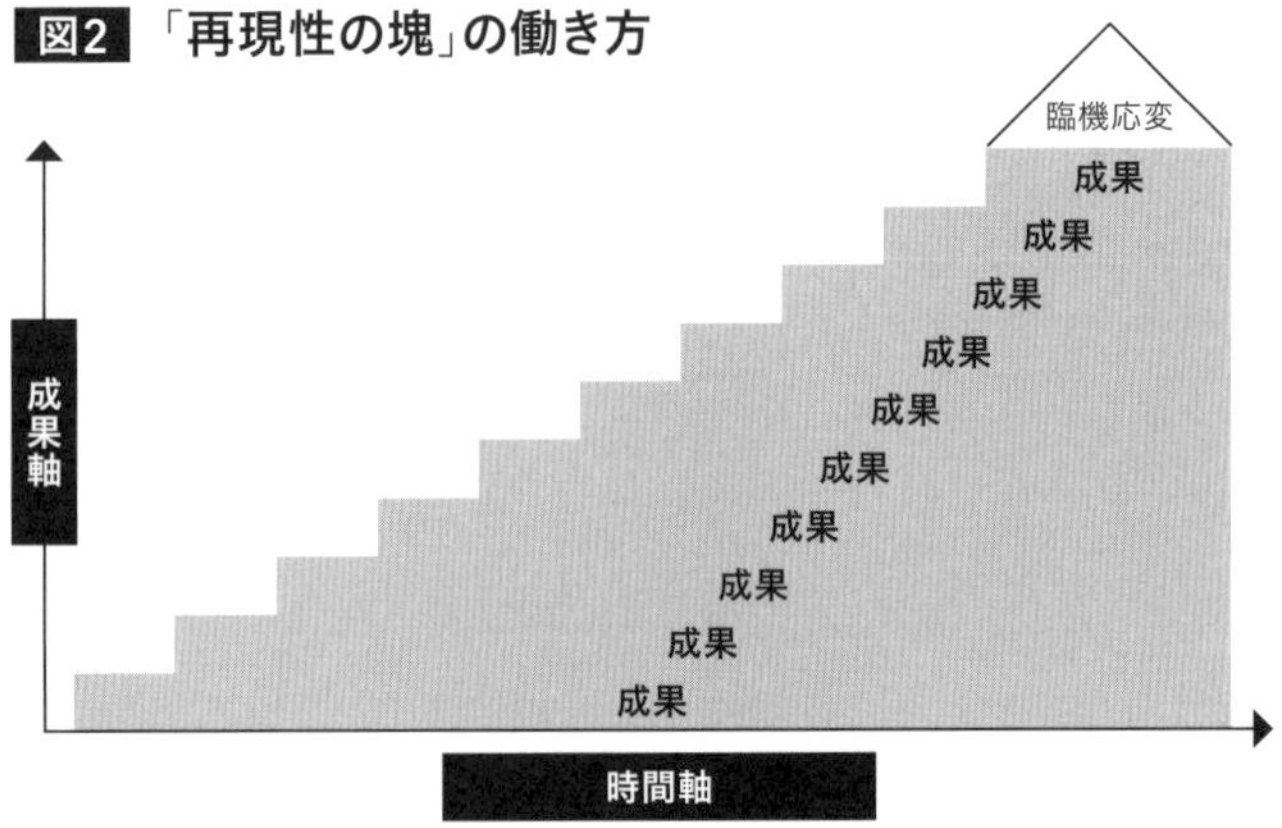

成果の積み重なり方が、両者でまったく違うのが一目瞭然のはずです。

まず、図1の「再現性のない人材」の働き方を見てください。

仕事で成果を出すためのノウハウ、考え方を知らないので、たまたま成果を出したとしても、単発で終わってしまうので、またゼロに戻るのです。

別の仕事でアクションを起こしたとしても、同じようにゼロに戻ってしまうような仕事の仕方をしているのです。

よって、継続的に成果を出すことは当然できず、成功するための知識が溜まっていくこともありません。

「その場限りの働き方」をしてしまっているということです。

しかし、「再現性の塊」は違います。

時間の経過とともに、成果が着実に積み重なっています。

なぜか?

本書でお伝えする、いつでも、どこでも通用する「仕事の考え方」、その土台となる「ニーズの捉え方」を知っており、かつ「なぜ成果を出せたのか？」「どのように実行したのか？」「この結果を繰り返し、出し続けるにはどのようにすればよいのか？」……振り返りの仕組みを構築することで、成果を何度も出せるようにしているからです（振り返りの仕組みについては、第6章で解説しています）。

この積み重なった成果の上に、あなたの個性を生かした「臨機応変」の対応が上乗せされることで、唯一無二の価値提供ができるようになります。

これが、両者の違いです。

実は両者の働き方の差が、あなたが経営者であれば、会社の組織生産性、利益、株価、最終的には、従業員に支払う給与にも差をもたらすのです。

個人であれば、リーダーとしての成果、プレイヤーとしての成果の両方に対して大きな差をもたらし、ひいては人事評価や給与などにも大きな影響を及ぼすのです。

本書は、**「再現性の塊」にあなたが生まれ変わる方法をお伝えします。**

どうすれば、効率よく卓越した成果をあげられるのか、つまり、最小の資本と人の命の時間で、最大の付加価値を生み出し続けることができるのか？

付加価値を、仕組み化し、集めて、重ねて、強固にし、気づけば誰も砕けなくなるような**「強靭な成果」として生み出し続ける**「再現性の塊」になるための秘訣を余すことなく書きました。

経営者であれば自社の生産性、管理職であればマネジメントするチームの生産性、プレイヤーであれば自分の仕事の生産性を、もっともっと向上させていきたいと思っている方に役立つことを目指した内容になっています。

すべての仕事は、誰かのニーズを叶えています。

言い換えると、誰かのニーズを叶えることから、悩みを抱えている問題を解決するところから、人の役に立つ商品、サービス、仕事は生まれます。

つまり、**「ニーズ」は「仕事の起点」**なのです。

「仕事の起点」であるニーズをうまく捉えられるか、誰も気づいていないニーズを捉えられるかで、あなたの会社、サービス、担当する仕事で独自の価値をつくれるかどうかが決まるのです。

「ニーズとは何か」を捉え続けていれば、価値につながるものを見つけ、価値をつくり、それを展開していく方法、つまり成果をあげる「再現の手法」も見えてきます。

そう考えると、ニーズを捉える力があれば、再現性高く成果を出せるようになることは容易に想像できるでしょう。

だからこそ、すべての仕事の根幹である「ニーズ」について、個人・企業のニーズを的確に捉える手法、そして捉えたニーズを新しいソリューションに活用する方法までを、本書では、紙幅を割いて徹底的にお伝えします。

「ニーズの捉え方」を知っていれば、ビジネススキルとしてだけではなく、人生のあらゆるシーンにおける「対人関係のスキル」としても、あなたの人生を豊かにしてくれるはずです。

いつでも、どこでも通用する「仕事の考え方」。

すべての「仕事の起点」である「ニーズの捉え方」。

これらは、新卒で入社したキーエンスでコンサルティングエンジニアとして従事し、独立後に経営コンサルタントとしてさまざまな企業、ビジネスパーソンにコンサルティング、研修を提供する過程で磨き上げてきた「再現性の塊」になるためのノウハウ、方法論です。


そして、この2つを学んだとき、自分だけが提供ができる価値（付加価値）をつくり、所属する会社、クライアント、社会にずっと貢献できる人材になれるのです。

そのプロセスを体系化したのが、次ページの図です。


言わば、「仕事のつくりかた」です。

図3　「仕事のつくりかた」（新商品・新事業企画の構築の流れ）

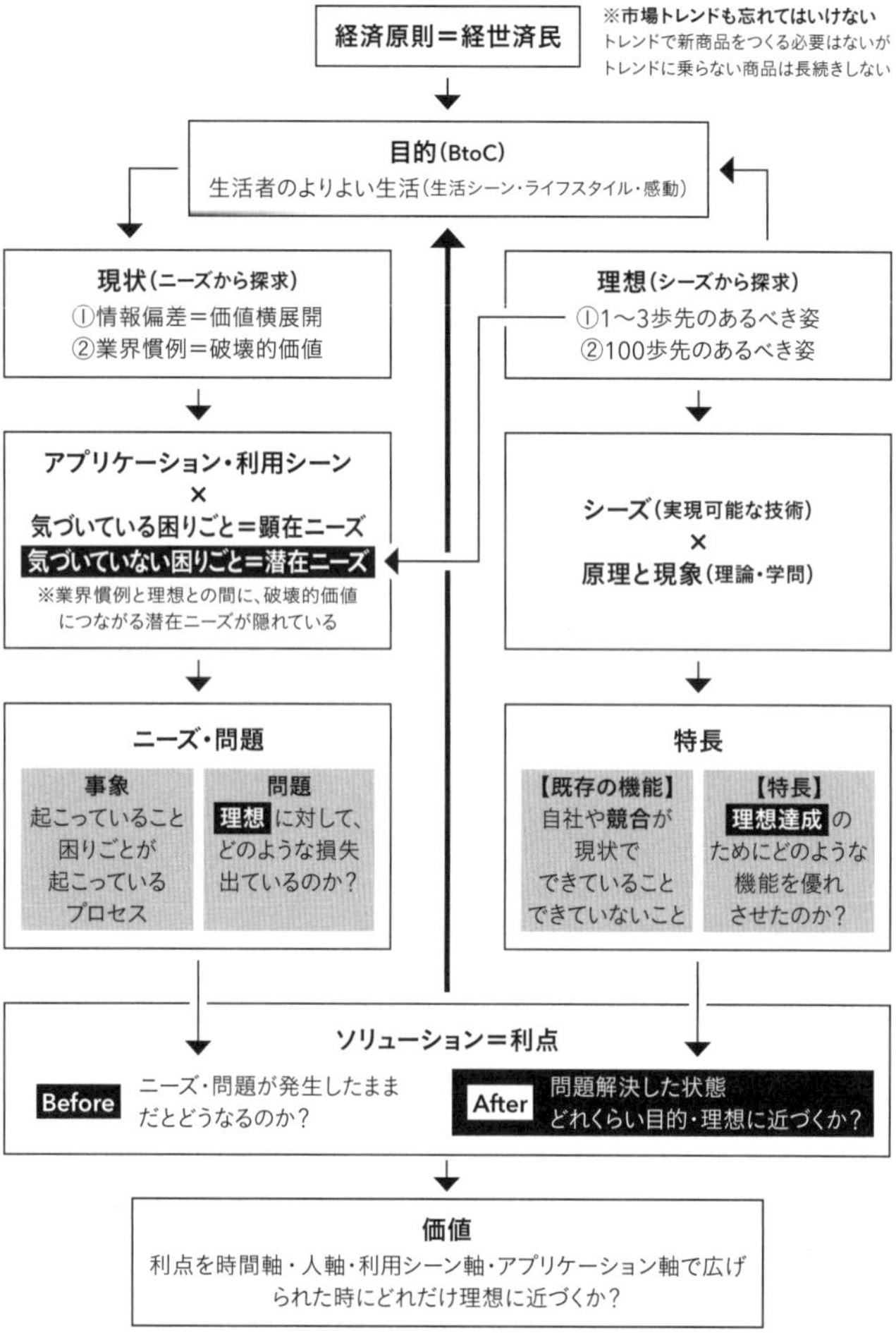
経済原則＝経世済民
※市場トレンドも忘れてはいけない
トレンドで新商品をつくる必要はないが
トレンドに乗らない商品は長続きしない
目的（BtoC）
生活者のよりよい生活（生活シーン・ライフスタイル・感動）
現状（ニーズから探求）
①情報偏差＝価値横展開
②業界慣例＝破壊的価値
理想（シーズから探求）
①1〜3歩先のあるべき姿
②100歩先のあるべき姿
アプリケーション・利用シーン
×
気づいている困りごと＝顕在ニーズ
気づいていない困りごと＝潜在ニーズ
※業界慣例と理想との間に、破壊的価値
につながる潜在ニーズが隠れている
シーズ（実現可能な技術）
×
原理と現象（理論・学問）
ニーズ・問題
事象
起こっていること
困りごとが
起こっている
プロセス
問題
理想に対して、
どのような損失
出ているのか？
特長
【既存の機能】
自社や競合が
現状で
できていること
できていないこと
【特長】
理想達成の
ためにどのような
機能を優れ
させたのか？
ソリューション＝利点
Before
ニーズ・問題が発生したまま
だとどうなるのか？
After
問題解決した状態
どれくらい目的・理想に近づくか？
価値
利点を時間軸・人軸・利用シーン軸・アプリケーション軸で広げ
られた時にどれだけ理想に近づくか？

この図は、第4章で再登場します。

いつでも、どこでも通用する「仕事の考え方」、「ニーズの捉え方」や、私がかつて在籍していたキーエンスで学んだ仕組みなど、関連知識を解説してからのほうが理解しやすいためです。「仕事のつくりかた」が自然と身につくよう、図中の用語は本文中に散りばめながら、本書は進んでいきます。

「仕事のつくりかた」が身につけば、業界業種・職種に関係なく、価値を提供できる人材になるでしょう。

今後、ＡＩなど、テクノロジーが進化するほどに、ビジネス環境は激変していくはずです。

さまざまな変化が引き起こされるでしょうが、それでも「不変なもの」があります。人・会社の欲求を叶える、悩みを解決する「価値のある仕事をつくること」です。

テクノロジーがどれだけ発展したとしても、人・会社が「喜ぶこと」「悩んでいることで解決したいと思うこと」、すなわち「価値があると思うこと」は、ずっと残り続けます。

そこにサービス、商品を提供できるようになれば、つまり、価値創造が継続できるようになれば、ずっと社会に貢献できる人材になれるのです。

その全プロセスをまとめたのが、「仕事のつくりかた」の図です。

「はじめに」では、「それほど威力のある図なのだ」という認識を持っていただければそれで十分です。


申し遅れました。少しだけ、自己紹介をさせてください。


私は、株式会社カクシンという経営コンサルティング会社の代表取締役を務める田尻望と申します。

『付加価値のつくりかた』（かんき出版）では、売上500億円規模の人材系会社で、月利益8900万円向上という実績や、売上200億円規模のコールセンターで、月間売り上げ1・4億円向上という実績を出しており、かつ短期間（約3か月）で急速に利益を向上させることを推進しています、というお話をしていました。

それがさらに大きく進み、今では、年商4000億円規模の会社の営業生産性向上の支援の依頼や、売上2兆円を超える企業からもお仕事の依頼をいただくことができるようになりました。

なぜ、このような依頼がいただけるようになったのか？

その秘訣こそが、本書のテーマ「**再現性**」なのです。

依頼をいただけるのは、お客様の会社においても「**企業価値向上**」**という付加価値を**「**再現**」**可能にしたいから**、です。

つまり、私（および私の会社）がコンサルティングをした会社で改善させた価値の向上（成約単価・成約率の向上、リピート率のアップ、市場シェアのアップ、人材定着の向上、離職率の低減……）を、自社でも得たいという要望です。

これらの要望に対して、**再現性をもって、継続的に成果をあげているからこそ、依頼をいただけている**のです。

有難いことに、クライアントから報告していただいた想定付加価値向上額は年間

50億円ほどでしたが、ついに120億円を超えました。

あらためて、クライアント企業の付加価値が上がっているということは、クライアント企業の**お客様からの感謝**が増えているということです。

これがなにより私としては嬉しいことです。


個人の**付加価値は、感動から生まれます**。

言い換えれば、付加価値とは、「人の心を捉えること」なのです。

『付加価値のつくりかた』では、そのノウハウを1冊に凝縮しました。


ですが、本当に重要なのは、それを継続することです。

ビジネスでは、「一回きり」「たまたま」「まぐれ」の成功では、通用しません。

それでは、安定した企業活動は不可能でしょう。

人がしてほしいと思うこと、欲しいと思う商品を「継続的に」「必然的に」「狙い通りに」提供し続けなければなりません。

つまり、仕事とは、「人の心を捉え続けること」なのです。

それを実現するためには、人の心、すなわち、ニーズを捉え続け、価値あるものを生み出し続けるための技術が必要なのです。

そのすべてをまとめたのが、本書『再現性の塊』です。

あなたも、仕事で成果をあげられる、そして価値を社会、お客様に提供し続けられる「再現性の塊」になっていただきたい。

「再現性の塊」になるための方法、考え方、私が学んできたこと、私が書けることはすべて、本書に執筆しました。

それでは、「再現性の塊」だけが知っている、いつでも、どこでも通用する「仕事の考え方」から、話をはじめましょう。

目次

第1章

「再現性の塊」だけが知っている「仕事の考え方」

第2章

「仕事の起点」となる「ニーズ」の本質

第3章

「ニーズの裏のニーズ」の捉え方

第4章 キーエンスに学ぶ「ニーズの捉え方」

第5章 「再現性の司令塔」商品企画の考え方

第6章 今日からできる「再現性の高め方」

第1章

「再現性の塊」だけが知っている「仕事の考え方」

「再現性の塊」は、いつでも、どこでも通用する「仕事の考え方」を知っている

「あの先輩は毎回、驚異的な成果を残しているな」「なぜ、あの人だけがいつも、仕事で結果を残しているのだろうか」と噂されている人がいるはずです。

そのような**「再現性の塊」は、成果を出すために「やっていることは同じ」だということを知っています。**

だからこそ、再現性高く、仕事で結果を残すことができるのです。同じことをやれば、成果が出るのですから。

実は、営業、人事、マーケティング、デザイン、広告、ブランディング、商品開発……あらゆる仕事は究極的には「やっていることは同じ」なのです。

その核心は、「相手に価値を伝えて、行動してもらうこと」にあります。

例えば、営業では商品やサービスの価値を伝え、購入してもらうという行動を促します。

人事では、企業の文化や働く魅力を伝えて、応募や入社という行動を引き出します。

マーケティングや広告では、ブランドのメッセージや商品の魅力を伝えて、消費者の興味や購買行動を引き起こします。

デザインや商品開発では、ユーザーのニーズに応える価値をつくり出し、伝えることで、商品の使用やサービスのリピートという行動を促進します。

このように、**抽象度を高めて仕事を見てみると、「価値を伝えて行動してもらう」という目的は、どんな職種でも同じ**なのです。

誰もが、価値を伝え、行動してもらえる「再現性の塊」になれるよう、その方法を「仕事の考え方」としてまとめました。

これは、私が大学卒業後、キーエンスにコンサルティングエンジニアとして従事しながら学び、独立後、150社、延べ1万人のコンサルティング・研修を経て、これまで出会ってきた「再現性の塊」からエッセンスを抽出したものです。

「仕事の考え方」を身につけたあなたは、「あの人は、再現性の塊だ」「どこにいっても成果を出す」と周囲から囁かれる存在になっていることでしょう。

次の4つが、卓越した成果をあげる、それも偶然ではなく、必然的に成果を残し続けるようになれる「仕事の考え方」です（おいおい解説していきますが、これは商品企画者が、お客様にとって高付加価値を持つ新商品をつくるために必要不可欠な考え方でもあります）。

1 他社が「何をやっているか」ではなく、「何を叶えているか」に目を向ける
2 「存在」「行動」「結果」に目を向ける
3 「ニーズ×機能＝ソリューション」であると考える
4 「トレンド×ニーズ×シーズ」で考える

では、これら4つを順番に見ていきましょう。

まとめ1-1

あらゆる仕事は抽象度を高めると「やっていることは同じ」である。

他社が「何をやっているか」ではなく、「何を叶えているか」に目を向ける

では、「再現性の塊」だけが知っている「仕事の考え方」の1つ目から解説していきます。

よく、「他社が何をやっているかが気になる」という経営者や商品企画担当者、マーケター・セールスがいます。しかし、これを最初から気にしすぎてしまうのは、競合分析においてはあまり有益ではありません。

一番大切なのは、「**他社が何を叶えているか**」に目を向けることです。

つまり、「あの会社は、なぜ（何のために）この商品を出したのか？」「この商品は、誰のどんな問題を解決し、どんな利点・価値を生み出しているのか？」に目を向ける

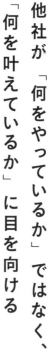

べきなのです。

例えば、あなたの会社がＩＴ企業で、新しいクラウドベースの業務自動化ツールを市場に出したとします。

その際に、単に「競合他社も同様のツールを出しているから我々も出す」「競合他社が出しているから、我々はその市場では売れない」と判断してしまうのは表面的な観点です。

もっと重要なことは、その新しいツールが「どんな企業や部門の、どんな課題を解決しているのか？」「そのツールが顧客にもたらしている具体的な独自の価値や効果は何か？」という点を理解することです。

他社商品を分析すると、その商品が持っているのは、中小企業の業務を効率化し限られたリソースも実行できるようにするための特別な機能かもしれませんし、大企業の複雑な業務フローをシンプルにするための機能かもしれません。

簡単な差のように聞こえるかもしれませんが、自分の業界となると多くの方が深くは分析できず、「あっちにはあの会社があり、こっちにはこの会社があるから、差別化はできない。値引くしかない」というような答えを出しがちです。

そうではなく、他社が「何を叶えているか」という、本質的な部分をしっかりと掴むことで、市場をずらして他社では叶えられていない価値や、同じ市場においても、他社とは差別化しながらより優れた価値を提供したりできるでしょう。

とくに新商品企画においては、「他社が何をやっているか」という表面的な観点ではなく、誰のどんな問題を見つけて、それをどうやって解決し、どんな価値を提供すべきなのか、という本質的な部分を捉えることが何よりも大切です。

そのことを理解すると、「競合他社がこんな商品を出したから、うちも同じような商品をつくろう！」という安易な発想をしなくなります。

競合他社が出した新商品の特長や利点を分析し、その商品がお客様のどんな「顕在ニーズ」を叶えているのかがわかれば、「同じものをつくって、もっと安く売る」か、その顕在ニーズを叶えたうえで「残る潜在ニーズ」を見つけて、それを叶える商品をつくればいいのです。

後でお話ししますが、人のニーズには終わりがありません。

そのため、潜在化しているニーズは必ずあります。

しかしその「見つけ方」はこれまで語られることは少なく、再現性がなかったのです。

この潜在ニーズを再現性をもって見つける方法も、後の章で紹介しています。

ちなみに、「同じものをつくって、もっと安く売る」、つまり完全に同じような機能を持った類似商品（コピー商品）を安く大量に売るという方法は、大企業が取れる戦略です。その方法でも、ある程度の収益が得られるからです。

ですが、この手法、つまり顕在ニーズに対しての大量生産は中小企業には、あまり勝算がないのでお勧めできません。

先行する商品、競合他社の商品が、お客様のどんな問題を解決しているのか、という点を見極めておけば、今後、自社で展開する新規事業についても、それが価値あるものかどうかを判断できる材料になります。

まとめ1-2

誰の、どんな問題を見つけて、それをどうやって解決し、どんな価値を提供すべきなのか。つまり、他社が「何をやっているのか」という表層ではなく、「何を叶えているか」という本質に注目する。

「存在」「行動」「結果」に目を向ける

「再現性の塊」だけが知っている「仕事の考え方」の2つ目は、「存在」「行動」「結果」に目を向けることです。

ここで言う「存在」に目を向けるとは、**お客様の会社の中に「本来はなければいけないのに、ないモノや、いない人」、あるいは、「なくてもいいのに、あるモノや、いる人」に目を向ける**という意味です。

また「行動」に目を向けるとは、**お客様の会社の中で「やりたくないのに、やっていること」「やらなければいけないのに、やっていないこと」に目を向ける**ことです。

「存在」と「行動」という点にフォーカスすると、お客様が抱えている問題やニーズが見えてきます。

ある自動車整備会社で、車検の項目をすべて完了する必要があるにもかかわらず、きちんとやっていなかった、という事件がありました。

「業界の闇」という取り上げ方で報道されていましたが、やらなければいけないのに、やっていないのは、自動化や効率化が進んでいない証拠です。

それを、仕組み化やシステム化によって解決できるのであれば、そこにニーズ、すなわち売れる新商品の種が潜んでいる可能性があります。

「結果」に目を向けるとは、**お客様の「行動した結果」を注視する**ことです。

営業やコンサルタントの立場で、お客様の会社を見るとき、**いろいろと頑張っては いるけれど、結果として**「コストがかかりすぎていないか」「生産性が低いままではないか」「赤字になっていないか」という点に目を向けるのです。

お客様が、「いろいろと頑張ったのですが、結果的にコストがかさんでしまって……」と言えば、そこに、その会社・組織の本質的な問題が潜んでいるはずです。

「結果」から逆算することで、その問題の根本原因がどこにあるのかという仮説が立てられ、お客様の本質的なニーズを見つけられます。

行動したけれど結果が悪いのであれば、その会社には「さぼっている人がいた」「生産性が悪い仕事をしていた」「そもそも価値をつくれていない」などの仮説が立てられます。

そこから逆算することで、お客様の会社の実態・課題を把握するのです。

ここで諦めてはいけないこと、信じてはいけないことは、お客様の解釈をそのまま鵜呑みにし、本当にニーズがないと思ってしまうことです。**「存在」「行動」「結果」を事実として捉えることができれば、ニーズは必ず見つかります。**

まとめ1-3

「存在」＝お客様の会社の中に「本来はなければいけないのに、ないモノや、いない人」「なくてもいいのに、あるモノや、いる人」に目を向ける。

「行動」＝お客様の会社の中で「やりたくないのに、やっていること」「やらなければいけないのに、やっていないこと」に目を向ける。

「結果」＝お客様の「行動した結果」を注視する。

「ニーズ×機能＝ソリューション」であると考える

「仕事の考え方」3つ目は、「ニーズ×機能＝ソリューション」であると考えることです。

つまりソリューションとは、顧客が持つ困りごと（ニーズ）を、自分の会社が提供できる機能により、問題解決することなのです。

その問題解決の大きさが価値を決めます。

そして、その問題解決の再現性が、あなた自身のビジネスパーソンとしての価値にも、企業の価値にも大きな影響を与えてくるのです。

商品企画の最初の段階では、まずニーズの探求から始めます。

図4　ソリューションの考え方

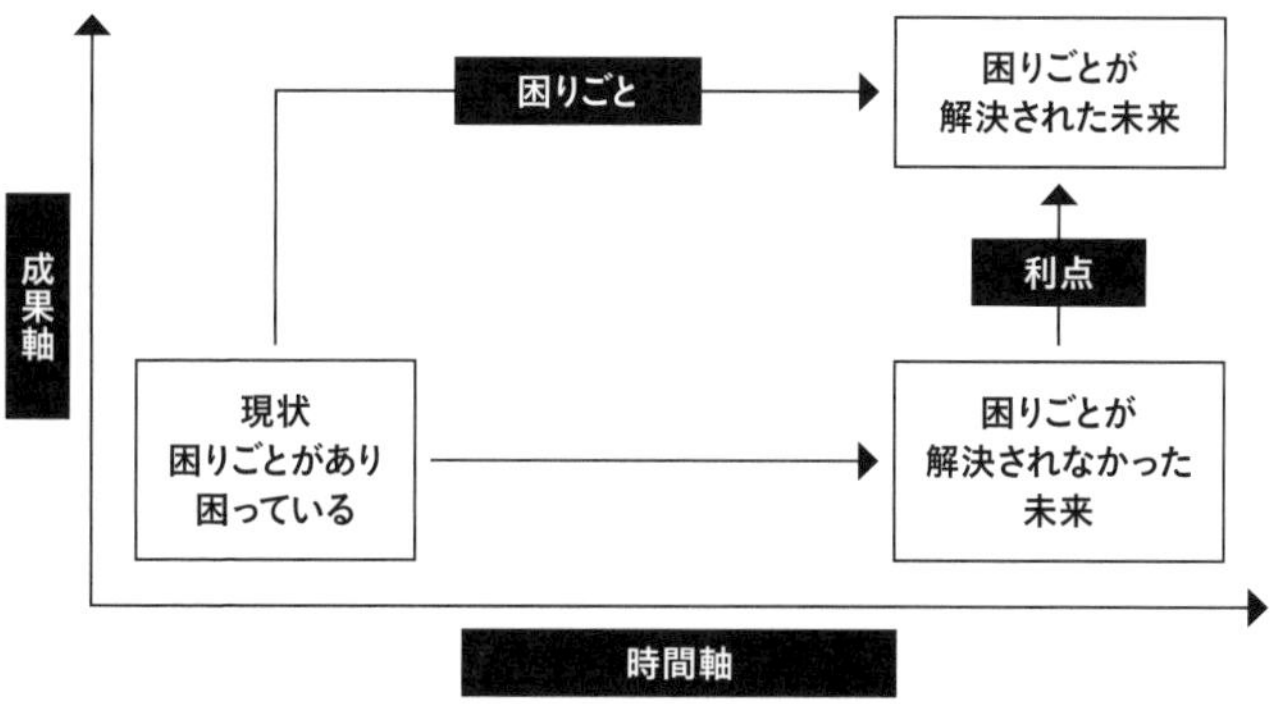

これもまた後でお話をしていきますが、開発者は「シーズの探求」のみに終始してしまい、「ニーズの探求」を、ソリューションをつくり上げるプロセスに入れていないことも多いのです。

お客様のニーズを特定するのと同時にさらに細かい**「利用シーンレベルのお客様のニーズ」＝「どんなシーンの困りごとを解決したいのか」**を探索していきます。

お客様のニーズには、自分たちで気づいているものもあれば、気づいていないものもあります。

お客様の困りごとに対して、「それに

よってどのような損失が出ているのか」を見極め、その問題を新商品の機能（＝利点）によって叶えれば、それがソリューションになります。

これが「ニーズ×機能＝ソリューション」という考え方です。

違う表現をすると、ソリューションとは、「お客様にとっての利点」を生み出すことです。

困りごとを放置したままであればどうなっていたのか、それを解決したらどれくらい理想に近づけるか、というギャップが利点です。

このギャップが大きければ大きいほど高い価値が生まれます。

例えば、ある工場で10人の従業員が働いているとします。

その会社は、「もっと生産性を上げたい」と思っています。

そんな中、10人の従業員の仕事を自動生産システムで置き換えられたとすると、これまで以上の生産スピードで製造が可能になります。

その分、新しく受注できる生産の余裕ができるので、月間の売上の向上を狙えます。

図5　ソリューションの考え方2

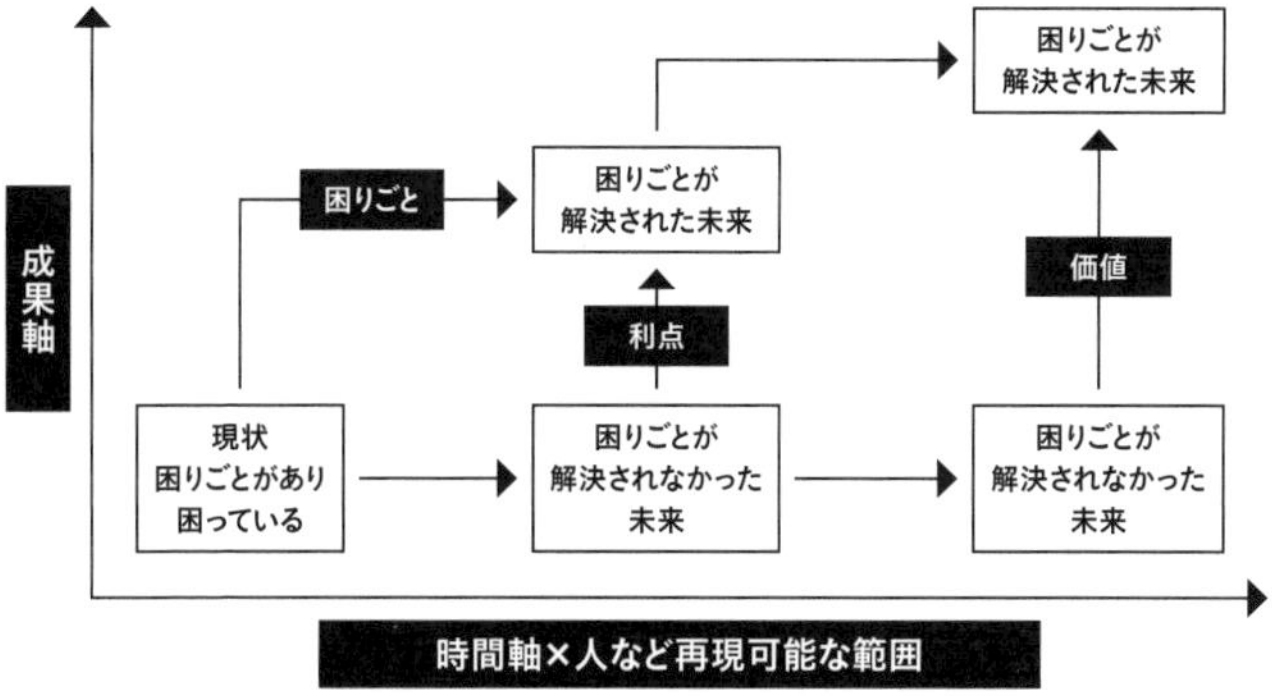

また、もともと働いていた従業員も、別の場所に配置することで、人件費や労働時間を増やすことなく、自社の生産量を高めることができるのです。

つまり、①自動化によるライン速度や生産量の上昇によって売上・生産性がアップし、②追加のコスト・人件費がかからないため、会社の生産性の向上に直結させることが可能になるのです。

そうすれば、自動生産システム導入に投資をしたとしても、融資期間以内に、売上・粗利として回収できるのであれば、「企業として痛手にならない」投資計画が成り立ちます。

この回収プランを持って、銀行に融資を依頼することも可能でしょう。

このように、「人がたくさん働いていて、生産性がよくない」という状態から「製造スピードの向上をなしながら、人にかかる時間・コストは向上させないことで、生産性が大幅に向上する」というギャップを年間ベースで計算する。

そして、どれだけの期間で商品導入のための投資金額を回収でき、プラスに転じていくのか、という投資対効果がわかれば、お客様はそこに価値を感じて商品を買ってくれるでしょう。

その**価値を得るための投資対効果はどれほどなのか、その数字を必ず計算しておかなければなりません。**

もちろん、お客様が計算してくれるとは限りませんから、私たち売り手が計算するのです。

計算のために必要なデータが足りなければ、お客様に聞きに行けばいいのです。

実態として、この計算と聞き込みが甘く、準備ができていない会社が非常に多いのです。

お客様のビジネスモデルや事業内容を、お客様よりもよく理解して、ニーズを叶える機能を持った商品を企画すれば、そこにソリューションが生まれます。

そして、ソリューションについて営業がしっかりと語れたら、お客様は「これはいいね！」とその商品を買ってくれるのです。

まとめ１-４

ソリューションとは、顧客の困りごと（ニーズ）と提供できる機能により、問題解決すること。その問題解決の大きさが、価値を決める。

「トレンド×ニーズ×シーズ」で考える

最後に、「仕事の考え方」の４つ目のポイントである「トレンド×ニーズ×シーズ」で考える、についてです。

私がキーエンスで学んだのは、**「トレンド（流行）に乗って商品をつくることはない。しかし、トレンドに乗らない商品は伸びにくい」**ということです。

世の中のトレンドに乗ってつくった商品は、市場・顧客のニーズを精緻には叶えていないことが多々あります。

そのような商品は、一時的に売れたとしても、すぐに売れなくなってしまいます。

もちろん、「短期的でもいいので、売上を立てたい」という狙いであれば構いませんが、単にトレンドに乗っただけでは、お客様の本当のニーズを叶える付加価値の高い商品は生まれません。

イメージとしては、インフルエンサーとコラボレーションしたような商品です。

そのような商品は、インフルエンサーの人気で売れていて、商品として売れているわけではありません。もし不祥事などが起こると、売上が急激に落ちてしまいます。

また、インフルエンサー経由で集まってきた新規の顧客も、ブームが終わればその多くは離れてしまう可能性が高いでしょう。

ただし、トレンドに乗った商品がダメ、というわけではありません。トレンドに乗っていない商品は売上が伸びづらく、成果が現れるまでに時間がかかります。

したがって、商品をトレンドに乗せることは、売上を伸ばすためには有効な手段です。

つまり、**「トレンド」だけでなく、加えて「ニーズ」と「シーズ」の要素が含まれた商品が売れる商品、すなわち真に強い商品なのです。**

商品企画者であれば、そのことを念頭に置いて新商品を企画しなければなりません。

1 他社が「何をやっているか」ではなく、「何を叶えているか」に目を向ける
2 「存在」「行動」「結果」に目を向ける
3 「ニーズ×機能＝ソリューション」であると考える
4 「トレンド×ニーズ×シーズ」で考える

これら4つが、「再現性の塊」だけが知っている「仕事の考え方」です。
「仕事の考え方」を、日々の仕事で、いつでも、どこでも使うことを意識してみてください。そうすれば、「価値を伝えて行動してもらう」という、どんな職種でも求められる目的を、再現性高く達成できるようになるはずです。

そして、この「仕事の考え方」を実践できるようになるためには、「ニーズの捉え方」を学ばなければなりません。「ニーズの捉え方」は「仕事の考え方」1～4の根幹をなす「仕事の核心」だからです。

わかりやすく表現すると、ここでご紹介した「仕事の考え方」を支える、人や会社

が「価値がある」と思うものを見つける土台としてのスキルが「ニーズの捉え方」です。

第2章からは、人の心を捉え続けるための「ニーズ」について、お話ししていきます。

まとめ1-5

トレンドだけでは売れない。「ニーズ」「シーズ」「トレンド」の要素が含まれた商品が、真に強いものである。

第2章

「仕事の起点」となる「ニーズ」の本質

人は「感動」が得られることに対して「価値」を感じてお金を払う

「再現性の塊」だけが知っている「仕事の考え方」を支える「仕事の核心」。

それが「ニーズの捉え方」です。

第1章ですべての仕事の目的は、「相手に価値を伝えて、行動してもらうこと」とお伝えしました。

この価値の源泉がニーズになるのです。

ニーズを正確に、深く捉えられている人が、「再現性の塊」として、いつでも、どこでも成果を出せているのです。

では、そもそも「ニーズ」とは何でしょうか？

簡単に言うと、ニーズとは私たちが「何かを叶えたい」「こうなってほしい」と思っていることであり、それは、人の心の中から出てくるものです。

マーケティングの領域では、よく「消費者ニーズ」「市場ニーズ」といった言葉が使われます。

また、みなさんもよく日々の仕事で、「顧客ニーズ」「ユーザーニーズ」という言葉を使ったり、聞いたりしているのではないでしょうか。

法人が相手であるBtoBビジネスであれば、顧客（クライアント企業）のニーズは、「生産性をアップさせたい」「財務を改善したい」「CSRの向上を図りたい」「コストダウンしたい」「リスクを回避したい」などのように、経営者、そしてその会社で働く従業員の心の中の思いに紐づいています。

BtoCビジネスの場合はどうでしょう？

BtoCにおける顧客ニーズも、「何かを叶えたい」「こうなってほしい」というお客様の心の中の思いにあるのですが、もっと深く掘り下げていくと、その根源には、あるキーワードが潜んでいます。

それは「**感動**」です。


前著『付加価値のつくりかた』でも述べたことですが、人が感じる付加価値の源泉・根源は「感動」であり、相手の真のニーズを叶えたとき、感動が生まれるのです。

本当に仕事ができる人とは、お客様、相手に「感動」を起こせる人なのです。


「感動する」とは、「感情が動くこと」「心が動かされること」ですが、多くの場合、「幸せな気分になる」という意味で使われます。

人は誰でも「感動したい」＝「幸せになりたい」生き物です。

ニーズの根源には「感動」があり、人は、感動が得られることに対して価値（付加価値）を感じてお金を払う、ということを覚えておいてください。


ここで「**顕在ニーズ**」「**潜在ニーズ**」の違いに触れておきましょう。

「この望みを叶えたい」「こうなりたい」と常に思っていること（自分ではっきりと意識

している《・・・・》こと）が「顕在ニーズ」です。

一方、自分では気づいていないもの（意識していないもの）が「潜在ニーズ」です。「ニーズ」とは、人の心の中にあるものですが、自分ではっきりと気づいているものもあれば、気づいていない、時には、まったく知らないこともあるということです。

お客様（相手）のニーズを捉える際には、「顕在ニーズ」よりも「潜在ニーズ」を捉えることが重要になってきます。

なぜなら、お客様は「自分が気づいていること」を伝えてもらったとしても価値を感じにくいからです。

お客様の反応は、「あーそれね」「うんうん」というレベルの反応です。

しかし潜在ニーズを気づかせたときの反応はまったく違います。

「あ！確かに！」「そんなやり方が!?」「もっと早く知りたかった」のような反応になるのです。後述しますが、この「潜在ニーズ」の捉え方は、顕在ニーズを捉えるプロセスとはまったく違うのです。

ここまでお話ししたことが、本書における「ニーズ」の定義です。
ニーズの定義をきちんと理解できれば、仕事だけでなく、私生活においても、みなさんが普段行っていることが、本当に相手や周囲の人たちのニーズに応えるものかどうか（価値につながるものか否か）がわかってきます。

まとめ2-1

人は心を動かす感動に価値を感じ、お金を支払う。顧客が自分で気づいている顕在ニーズよりも、顧客が気づいていない潜在ニーズのほうが重要である。

タキシードをレンタルしに来た新郎が、なぜオーダーメイドを喜んで買ったのか？

潜在ニーズの重要性を理解していただくために、私が仕事でお付き合いのある、結婚式用の衣装（タキシードやドレス）を販売・レンタルしている会社の話をご紹介します。

この会社には、結婚式用のタキシードやドレスを選びに、日々たくさんのお客様が訪れるのですが、男性客（新郎）は、大きく分けて2タイプの人がいます。

一つ目のタイプは「自分が格好よくありたい」「自分も目立ちたい」という思いで、高価なオーダーメイドのタキシードを買う人です。

一方で、「自分はあまり目立ちたくない」という男性客もいます。

彼らは、「正直、私は安価なレンタルタキシードでいいんです」と言います。

ここで、お客様のニーズをきちんと捉えられない営業担当は、「このお客様のニーズは、レンタル品を着て、できるだけ普通の感じでいたい。できれば費用も抑えたいということだな」と判断し、「承知しました。では、すぐにレンタル品をご用意しますね」と対応してしまいます。

しかし、「あまり目立ちたくない」「レンタルでいい」というのは、あくまでも、顕在ニーズです。

実は、ここにお客様自身は気づいていない、しかし気づかされたら「あっ、それがいい！」と思う潜在ニーズがあります。

それは、**「結婚式で2人で並んだときに、新婦が本当に華やかに映える、幸せに見える姿でいてほしい」「新婦に最高に幸せな気分になってほしい」**というニーズです。

ここで、お客様の潜在ニーズを的確に捉えられる営業担当なら、お客様に次のように伝えるはずです。

営業　「結婚式のシーンをイメージしてみてください。新婦様の横に立っている新郎様がどんな姿だったら、奥様がより映えるでしょうか？　レンタルのタキシードも、決して質は悪くありません。でも、体に微妙にフィットしないタキシード、他の人と同じようなタキシードを着ている新郎様より、オーダーメイドを着てピシッと決まっている新郎様のほうが、新婦様が映えるんじゃないでしょうか？　しかも結婚式という一生に一度しかない瞬間です。そのときに新郎様がどちらの状態でいることが**新婦様にとって幸せ**でしょうか？」

こう提案すれば、「なるほど！　確かに私がオーダーメイドのタキシードを着ているほうが彼女が映えて、本人も幸せを感じるかもしれませんね。じゃあやっぱり少し高くても、オーダーメイドにします」と判断を変えるお客様もいるはずです。

最初は10万円以下のレンタルでいいと思っていた人が、営業担当によって気づかされた潜在ニーズを叶えるためなら、「何十万円もするオーダーメイドのタキシードをつくってでも価値がある」と、購入を決断してくれるのです。

このように、潜在ニーズを叶える提案ができたとき、そこに初めて高い価値（付加価値）が生まれ、高い値段がつくのです。逆に、顕在ニーズを叶えても、そこに高付加価値は生まれず、高い値段もつきません。

しかも潜在ニーズを叶えれば、お客様を感動させ、幸せにすることができます。提案、サービスによってお客様を心の底から喜ばせることができれば、「もしも普通のレンタルタキシードを着ていたら、私は一生後悔していたかもしれません。でも今、オーダーメイドを着ることの価値に気づけたので、お陰様で最高の結婚式にすることができます。本当にありがとうございます」と言っていただけるのです。

どんな業種業態であれ、常にお客様に気づきを与え、顕在ニーズだけではなく、潜在ニーズまで捉えて提案することが大切です。

もちろん潜在ニーズへの気づきを与えられるかどうかは、「ニーズの捉え方」を極めていったとしても毎回できるとは限りません。

成功の確率は、１００％でなくていいのです。

ここでお伝えしたいのは、潜在ニーズに気づいてもらえる可能性にチャレンジし、その再現性を高めることは、商品・サービスの価値を高め、よりお客様を喜ばせる可能性を高め、自分の仕事・会社を価値の高いものにしていく方向性になっていくということなのです。

まとめ２-２

お客様の言葉から、顕在ニーズだけでなく、その言葉の裏にある潜在ニーズを捉える必要がある。

相手の言葉の裏に潜むニーズがわかれば、やるべき仕事が見えてくる

どんな仕事でも、「相手のニーズが何か」を特定できないと、相手から評価されないだけでなく、仕事がうまく進みません。

これは、営業だけでなく社内の仕事においても同じです。

ここでみなさんに質問です。

「**○○さん、明日の商談の準備をしておいてね**」

もしあなたが上司からこう言われたら、この言葉の裏には、どのようなニーズが潜んでいると思いますか？

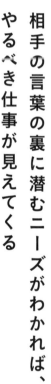

この言葉の裏には、「商談がうまく進むように、準備をしておいてほしい」という裏のニーズが隠れています。

「商談がうまく進むように」というのは、自社商品やサービスが「売れるように」ということですから、**「きちんと売れるように、準備しておいてね」**というのが上司の本音です。

では、本音を捉えられたとして、部下はどんな準備をすればいいでしょうか。

ここでは上司だけでなく、商談相手（お客様）のニーズも考えながら、準備を進めなければなりません。

商談の相手は、どんな会社のどんな立場の人なのか？

どんなニーズを持っている会社・部署なのか？

その会社・部署の顕在化しているニーズと、潜在化しているニーズは何なのか？

を考えながら準備をするのです。

また、「商談時間は何分あって、どのような話をどういう順番で話していくのがいいのか」を考え、お客様の要望に合わせて話をする準備をしなければなりません。

この時点で、上司のニーズと同時にお客様のニーズがわかれば、「準備をしておいてね」という上司の依頼に対して、完璧な準備ができます。

逆に、それらがわからないと、上司から高い評価をしてもらうことは難しいでしょう（もちろん、上司の仕事は部下を育てることです。上司側としては的確な指示を出すことは大事なことです。ただ、ここでは「部下の立場としてはどうしたらよいか」という視点から話を進めます）。

このように、相手の言葉の裏に潜むニーズがわかれば、やるべき仕事が明確に見えてきます。

一方で、周囲の人やお客様のニーズがわかっていないと、仕事がスムーズに進まないだけでなく、場合によっては大きな失敗を招きます。

また、**本当はニーズではない仕事をしていたら、その分はすべてムダになります。**

それをやったとしても誰からも喜ばれません。

ここで重要になってくるのが、**「何がニーズで、何がニーズでないか？」を判別できるかどうか**です。

「これはニーズである」「これはニーズではない」ということが明確にわかっていれば、瞬時に「これはやるべき仕事」「これはやらなくていい仕事」という判断ができます。

しかし、その判断ができないと、その仕事をやるべきかどうか迷っている時間が発生します。

私がコンサルティングしている会社組織を見ると、そうやって迷っている時間が全体の3割から4割くらいある（下手すると大半を占める）のではないかと思うくらい、その判断がうまくできていないようです。

また、ニーズがわからない状態で仕事をしていると、「この仕事以外に、今、他に何かやらなければならないことはないだろうか？」などと考えながら仕事をしてしまいます。

優先順位がつけられていない状態で仕事をしている人は、漠然と働いています。

そのような状態で仕事に取り組んでいると、仕事自体の生産性も上がらず、当然、成果も出ません。

ニーズをしっかり捉えている人は、仕事の途中で、次は何をしようかと迷ったりぼんやりしたりすることなく、価値づくりに対して、一直線に、一心不乱に仕事ができます。

「私のこの仕事は、ちゃんとお客様（や上司や同僚）のニーズを捉えていて、必ず役に立つはずだ」と理解・確信しているからです。

まとめ2-3

「ニーズの捉え方」の向上は、生産性向上にも直結する。

ニーズは、常に「お金と行動があるところ」に存在する

私が企業研修をしていると、「どうすれば、これがニーズだ！　と確定できるのでしょうか？」「ニーズかそうでないかの判断基準は、どこに置けばいいのでしょうか？」という質問をいただきます。

価値のあること、つまり「それがニーズだ！」と確定する非常にシンプルな方法をお伝えしましょう。

それは「**お客様が抱える問題が解決すれば、商品やサービスを購入する**（**お金を払う**）**かどうか**」です。

そして、お客様が実際に「使ったあとに役に立った」という実感を持てるかどうか

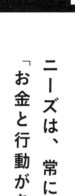

も重要なポイントです。
本当に役に立ったかどうかは、ヒアリングなどを通して確認できます。

また、多くの人が「**できればやりたくないのに、やっていること（行動があるところ）**」の中にも、往々にして本当のニーズが潜んでいます。

さまざまな意識を巡らせた末に、ようやく人は行動を起こします。
最終的に行動に移しているということは、ほとんどが、その人が「絶対にやりたかった（やらなければならなかった）こと」です。

反対に、行動を起こしていないものについては、それほど必要ではなく、「あればいい」という程度のもので、本当は必要がなかった可能性があります。

例えば、使用済みの食用油を固めて処理できる「固めるテンプル」という商品があります。
調理に使用した油をそのまま流しに捨てることは、海洋汚染などにつながるため、環境への配慮から避けるべきものです。

かつては、鍋やフライパンに残った油を、地道に新聞紙にしみ込ませ、可燃用のゴミ箱に捨てることが普通とされていました。

ですが、「固めるテンプル」を使えば、短時間で油が固まり、あとはゴミ箱に捨てて終わりです。手間を大幅に省いて油を処理できるのです。

この商品が開発・販売される前は、たとえ手間がかかっても、みんな新聞紙で処理していたのですから、「そんな商品は売れないだろう」と考えられていました。

しかし、実際に発売されると、「固めるテンプル」は人気商品の地位を確立しました。

「本当は面倒くさくてやりたくないのに、多くの人がやっていること」にニーズがあった、という好例です。

ニーズは、常に「お金と行動があるところ」に存在します。

「お客様はそこに対してお金を使っているか」もしくは「行動を起こしているか」を見ることで、ニーズの有無を判断できるのです。

まとめ2-4

「お金」と「行動」の現実を直視すれば、ニーズの有無を判断できる。

「なぜそれが欲しいのか？」を突き詰めれば「真のニーズ」が見えてくる

実は、ニーズには、「顕在ニーズ」「潜在ニーズ」に加え、もう一つ、種類がありま す。それは、**相手のさらに深い部分に存在するニーズ、つまり、顕在ニーズと潜在ニーズの裏側にある「真のニーズ」**です。

潜在ニーズよりも、さらに深い部分にある「真のニーズ」とは、どういうものなのか、具体的な例を挙げて説明しましょう。

あなたが美容皮膚科のカウンセラーだとしましょう。ある女性が「ヒアルロン酸の注射を受けたい」と相談に来た場面を想像してください。

その女性は、「目の下のクマやしわを何とかしたい」と言っています。

ニーズを探るために、あなたはどんな質問をしますか？

「これまで何か治療を受けたことはありますか？」というような質問を思いついた方がいるかもしれません。

ただ、それは、顕在ニーズを確認するための質問なのです。

ここで、本当に聞かなければならないのは、**「なぜ、目の下のクマやしわが気になるのですか？」「なぜ、それが重要なのですか？」**という質問です。

その質問に対して、女性が次のように答えたとします。

「最近、同窓会があって、友人よりも老けて見えた気がするんです」

「目の下のクマやしわを何とかしたい」という顕在ニーズと、この回答との関係性を探るためには、次のような質問が必要です。

「そうなんですね。なぜ、同窓会での自分の見た目が気になるのですか？」（センシティブな話題ですからソロとして寄り添った姿勢でお伺いするべきです）

それに対して女性が次のように答えたとします。

「高校時代、**皆から美人と言われていた**ので、**その頃の自分を取り戻したい**んです」

これが彼女の本当の「目的」＝「真のニーズ」だったのです。

それがわかれば、あなたは「真のニーズ」を叶えるための最適な治療やケアを提案することができます。

こういった状況で、「真のニーズ」の重要性をよく理解していなければ、「目の下のクマやしわをできるだけ目立たなくする」というような、顕在ニーズを叶えるためだけの提案をしてしまいます。

しかし、それはお客様の「真のニーズ」を叶えることにはなりません。

場合によっては、価値を持たないムダな提案になってしまうでしょう。

そうではなく、「目の下のクマやしわが気になる」と思った目的をきちんと理解したうえで、「真のニーズ」を叶えるべきなのです。

他人からすれば、「何であんなサービスが必要なんだろう？」と思うものでも、そのサービスを受けようとする人がいます。

その裏には、そのサービスを受けて達成したい、その人なりの「目的」があります。「目的」を捉えられるようになると、「これが、相手が求める真のニーズだ！」と特定できます。

そのためには、先ほどの会話例のように、相手に「なぜ、それが欲しいのですか？」という問いかけをしなければなりません。

お客様が、「○○が欲しい」「○○したい」と言っているとき、そこで言語化されているのはあくまでも「顕在ニーズ」です。

大切なのは、その言葉の裏に存在する「**ニーズが発生した理由や原因、その背景**」を明らかにすることです。

これを聞き出せれば、「真のニーズ」を確定できます。

私は、それを「**ニーズの裏のニーズ**」と呼んでいます。

「**ニーズの裏のニーズ**」**を捉える力こそが、「仕事の考え方」を支える土台となります。**

今回はセールスにおける例でしたが、仕事の中では、お客様のニーズだけでなく、自分の上司からの依頼、同僚からの依頼、他部署からの依頼など、「依頼」という顕在ニーズの裏にも、「ニーズの裏のニーズ」が潜んでおり、その「ニーズの裏のニーズ」を捉えて仕事ができる人が、「あの人は仕事ができる」と言われるようになるのです。

「ニーズの裏のニーズ」を捉えることができていない人は、仕事のやり直しも多くなります。本当の目的をわかっていないため、目的を叶えるための「必須の仕事」ができず、指示された「表面上の仕事」だけを行ってしまうので、追加の指示を繰り返し受けることになってしまうのです。

まとめ２-５

「再現性の塊」は、「ニーズの裏のニーズ」を捉えることができる。
ニーズが発生した理由や原因に「ニーズの裏のニーズ」のヒントがある。

人は「未知の価値」＝「感動価値」に対して多くのお金を払う

みなさんに知っておいていただきたいのは、**「ニーズの裏のニーズ」は、人の感情の動き、すなわち「感動」と密接につながっている**ということです。ここまで、「感動」「ニーズ」「価値（付加価値）」の関係について次のように説明してきました。

- 人の喜びの源泉、価値の源泉は「感動」であり、相手の真のニーズを叶えたとき、感動が生まれる
- お客様や相手に「感動」を起こせる人が、本当に仕事ができる人である
- ニーズの根源には「感動」があり、人は、感動が得られることに対して価値（付加価値）を感じてお金を払う

このように、「感動」と「ニーズ」「価値（付加価値）」は密接につながっているので、その関係性をきちんと理解するためには、そもそも「感動」や「感情」がどのような構造を持っているのかを知っておく必要があります。

『付加価値のつくりかた』でも記述したのですが、価値を何度も生み出し続ける「再現性」をテーマにした本書でも絶対に避けては通れない重要な内容なので、振り返りの意味も込めて、あらためて紹介させていただきます。

みなさんは、「エイブラハムの感情の22段階」というものをご存知でしょうか。

これは、「人間の感情には22のステージ（階層）がある」という考え方です。

この考え方によると、人の感情は図6（次ページ）のように22段階に分かれています。下のほうには「恐怖、不安、怒り、落胆、心配、失望」などのネガティブな感情があり、段々と上に行くにつれて、「満足、希望、楽観、幸福、喜び、感動」などのポジティブな感情になっていきます。

図6 感情の例(エイブラハムの感情の22段階)

1 喜び/真価を認める=感謝/力を与えられる/自由/愛
2 情熱
3 熱中/熱心/幸福/喜び
4 明確な期待/信念
5 楽観
6 希望
7 満足
8 退屈/怠慢
9 悲観
10 葛藤/いらだち/短気
11 圧倒される
12 失望
13 疑い
14 心配
15 非難
16 落胆
17 怒り
18 復讐
19 嫌悪/激怒
20 嫉妬
21 不安/罪悪感/不徳
22 恐怖/死別/後悔/意気消沈/絶望/無力

出典:『新訳 願えば、かなうエイブラハムの教え——引き寄せパワーを高める22の実践』(ダイヤモンド社)より引用

ここで重要なのは、先ほど述べたように、「人は、感動が得られることに対して価値(付加価値)を感じてお金を払う」ということです。

「恐怖、不安、心配、失望といった状態から、満足、幸福、喜び、感動を感じられる状態になりたい。そのためなら出費もいとわない」と考えるのです。

具体的な例を挙げて説明しましょう。

例えば、「腰が痛くて、辛い」。

そのために「孫を抱っこできなくて、ストレス・いらだちを感じている」という男性がいるとします。

彼が鍼灸整骨院に通って腰痛が改善し、

可愛い孫を思い切り抱っこできたらどうでしょう。
「ストレス」「いらだち」という感情から、「満足」「幸福」、さらには「喜び」「感動」という感情に移行します。

この男性は、その感情の動きに対して価値を感じ、誰よりも鍼灸整骨院に通ってたくさんお金を使うのです。

私は、このような「感動に対して感じる価値」を、**「感動価値」**と呼んでいます。

人のニーズを叶える「付加価値」は、大きく**「置換価値」「リスク軽減価値」「感動価値」**の3つに分類される、と私は考えています。

この3つとも「感情」と結びついています。

そして、この中で最も重要なのが、今よりも高いステージに感情が動くこと＝「感動」できるものに感じる「感動価値」です。

ちなみに「置換価値」は、現在の感情の状態を維持したままで、今とは別のものに置き換えられるときに感じる価値です。

例えば、今使っているスマートフォンを、最新型のスマートフォンに機種変更する（置き換える）ことによって今より少し便利になり、しかも現在の感情の状態（喜びや満足）を維持できる、といったケースです。

「リスク軽減価値」は、リスクを減らしたいというニーズを満たす価値です。

例えば、子どもがヘルメットを被らず自転車に乗っているとき、転んで頭に怪我してしまったとします。

そのとき、その子の親は、「将来また子どもが怪我をしないように、ヘルメットを被らせよう」と考え、ヘルメットを購入するでしょう。

親は、子どもが怪我をしたときの「絶望、心配、落胆」という感情を再び抱くことがないよう（将来のリスクを軽減するために）、ヘルメットという商品を購入するのです。

置換価値やリスク軽減価値と異なり、感動価値は「その人がまだ感じたことのない未知の感動（今より、より高いステージへの感情の動き）」がベースになっています。

そのため、**そのときに感じる価値（未知の価値）は、他の2つの価値よりも高付加価**

値になります。

「付加価値の源泉は感動である」という視点があれば、コンサルティングをしていても、「この会社は絶対に伸びるな」「この会社の商品は絶対に市場で売れるな」ということが予測できます。

その会社の商品やサービスがお客様を感動させていれば、つまり、「ニーズの捉え方」が合っていれば、その会社は必ず成功するからです。

「感動」について、もう一つ知っておいてほしい重要なことがあります。

それは「**感動は人間関係に起こる**」ということです。

先ほど紹介した「エイブラハムの感情の22段階」で挙げられている感情は、すべて「人との関係」から生じるものです。

人との関係性の中で、この22の感情の状態が起こるのです。

ちなみに、22段階の感情の中にある「退屈」は人間関係とは関係ないのでは？　と思う人がいるかもしれません。

しかし、これも「自分との関係」という意味で、人間関係から生まれる感情です。

「退屈」というのは、「本当は何か楽しいことがしたい」「いつも成長している自分でいたい」という自分がいるのに、できていない、することがないという状態です。

人はそれが辛くてネガティブな気分になるのです。

つまり、現実の自分と理想の自分との間の関係性の中で「退屈」という状態が起きているので、これも一つの人間関係における感情なのです。


ここでは、「ニーズの裏のニーズ」は、人の感情の動き＝「感動」と密接につながっていることを覚えておいてください。

もし相手の感情が、感情の22段階の下のほうにあるのなら、その感情に共感してあげて、相手の感情を上のステージに持っていく。

そうやって感動させることができれば、その人はそこに付加価値を感じるのです。


人は知らずしらずのうちに、自分が感動することに対して付加価値を感じ、お金を払っていますが、付加価値の源泉となるニーズは人それぞれです。

当然、払う金額も違ってきます。

企業活動において重要なのは、お客様のニーズがどこにあって、何に対して感動するのか。それにどれくらいの付加価値を感じているのかを、常に深く広く探索し、見定め続けることです。

まとめ2-6

「付加価値」は、大きく「置換価値」「リスク軽減価値」「感動価値」の3つに分類される。人の心を捉え続けるためには「感動のメカニズム」を学んでおく必要がある。

第3章

「ニーズの裏のニーズ」の捉え方

「電動ドリルを買いに来たお父さん」は、本当は何が欲しかったのか？

マーケティングの世界で古くから使われている「**ドリルを買いに来た人が欲しいのは『ドリル』ではなく、『穴』である**」という格言があります。

ビジネス書をよく読まれる方は、ご存知の方が多いと思いますが、「ニーズを正確に捉えること」の重要性を教えてくれる秀逸な格言でもあるので、わかりやすい例であらためて紹介させてください。

ホームセンターに来たある男性が、「穴をあけるための電動ドリルが欲しいのですが、どこにありますか？」と店員に聞きました。

店員は「ドリルでしたら、あちらにあります」と言って、男性を工具販売コーナーへ案内しました。

ところが男性はドリルの値段を確認すると、「思ったよりも高いんですね……。ちょっと考えたいので、今日は買うのをやめておきます」と言って帰ろうとしました。


慌てた店員は、次のような質問をしてみました。

「ちなみに、ドリルは何のために使われるのですか？」

すると男性はこう答えました。

「木の板に穴をあけたいんです」


店員は「それでしたら、あちらに穴のあいた板がありますよ」と、男性を穴のあいた板を売っている場所へ案内しました。

すると男性は「この板を買えば、ドリルを買うより安く済みますね」と言って、穴のあいた板を買って帰りました。

そう、この男性が本当に欲しかったのは「ドリル」自体ではなく、「穴（穴のあいた板）」だったのです。

これが、「ドリルを買いに来た人が欲しいのは『ドリル』ではなく、『穴』である」、だから「ドリルではなく、穴を売れ」というマーケティングのセオリーを伝える逸話です。

ポイントは、顧客が求めているのは、購入しようとしている商品そのものではなく、その商品によって提供される利便性や価値だということです。

したがって、商品・サービスが提供する価値や、利用によって得られるメリットに焦点を当て、顧客が求めているもの（ニーズ）は何かを見極め、それに応えることが重要なのです。

まとめ3-1

顧客が本当に求めているものは、「商品そのもの」ではなく「商品によって提供される利便性や価値」である。

「欲しい」の続きこそが価値

「ニーズの裏のニーズ」は、商品開発やマーケティング戦略の基盤となるものですから、当然、会社とお客様との接点に立つ販売員や営業担当者も心得ておかなければなりません。

したがって、店頭でお客様対応をする販売員であれば、先ほどのホームセンターの店員のように、「それは何のために使われるのですか？」と聞いて、お客様のニーズを探らなければなりません。

ですが、お客様の「ニーズの裏のニーズ」を捉えるためには、さらに質問を重ねてお客様の心のもっと奥にある思いを探る必要があります。

そのためには、

「ちなみに、なぜ穴のあいた板が欲しいのですか？」

と聞く必要があります。

その質問に対して、男性が次のように答えたとしましょう。

「実は、小学生の息子に、夏休みの工作の宿題を手伝ってほしいと頼まれたんです。手伝うからには、父親としてできるだけいいものをつくってあげたいじゃないですか。なので、電動ドリルを使って本格的な木工作品をつくれたらなと思いまして」

これが、この男性の「ニーズの裏のニーズ」です。

そう言われれば、店員は、「そういうことだったんですね。だとしたらお客様、こちらもご覧になってはいかがですか？」と言って、お客様を別のＤＩＹコーナーを見てもらう提案ができます。

そこで、「このあたりの商品をお使いになると、バッチリだと思いますよ」と伝えれば、穴のあいた板以上の、もっと大きな買い物をしてくれる可能性が高まるはずです。

この男性の「ニーズの裏のニーズ」は、「父親として息子にいいものをつくってあげたい」ですが、深掘りして「背景」を探っていくと、次のような思い（最終目的）を持っていることが見えてくるかもしれません。

- 息子から、「パパ、ありがとう！　こんなすごいのができて嬉しいよ」と言われたい
- 「宿題を提出したら先生に褒められて、友達からも、すごいね！　って言われたんだ」と息子に喜んでほしい
- 息子にとって、「かっこいい父親」でありたい

さらに深掘りすると、男性は、「息子との楽しい時間」に価値を感じており、自分の人生の中で「息子と充実した、いい時間を過ごしたい」「その体験によって、何も

のにも代えがたい感動を得たい」という思いがあるはずです。

ここまで述べてきたことが、個人顧客を対象としたB to Cビジネスにおける「ニーズの裏のニーズ」の深掘りの仕方です。

個人顧客レベルでの「ニーズの裏のニーズ」は、人生の「感動」を得たいと思うことから生まれるのです。

ただし、人によって何に感動するかは、千差万別です。

すなわち、何が「ニーズの裏のニーズ」であるかは異なります。

人によっては別の感動、別の付加価値に対してもっと多額の金額を払う場合があるということです。

例えばこんな話があります。

ある富裕層の男性が、新しいマンションを購入したいと思っており、不動産会社の営業担当者と次のような会話を交わしたそうです。

男性「とにかく広い間取りの物件を探しているんです」
営業「どれくらいの間取りがお望みですか？」
男性「とても広い、何十畳というリビングがある物件がいいですね。価格はいくら高くても構いません」
営業「失礼ですが、なぜそれほど広いリビングが欲しいのでしょうか？」
男性「実は、先日会社の先輩の家に招かれたんですが、私はその先輩が苦手でして……。そのときに、リビングの広さを自慢されたんです。お恥ずかしい話ですが、それでとてもムカついてしまって。ですから、その人のリビングよりも広いリビングがあるマンションを買って、今度は私が先輩を招待して『どうだ！』と自慢して、見返してやりたいんです」

この男性にとって、いくらお金を払ったとしても叶えたい「ニーズの裏のニーズ」は、「**先輩に自分のマンションを自慢して、見返したい**」という思いだったのです。

この男性のニーズの先にも、実は「感動を得たい」という思いがあります。

先輩のマンションで味わった「嫉妬・敵意・挫折感」というネガティブな感情を、

「満足・幸福・自信」というポジティブな感情に変えたいのです。

ちなみに、いわゆる超富裕層の中には、こうした「人に自慢したい」「人を見返したい」などの理由で、はたから見れば、「どうしてこれだけ高額のお金を使うのだろうか」と不思議に感じる付加価値にも数千万円、場合によっては数億円という多額のお金を払う人たちがいます。

超富裕層の顧客をターゲットに事業展開している人は、その点に留意して相手の「ニーズの裏のニーズ」を捉え、提案していくことが求められます。

このように、人が何に価値を感じ、何が「ニーズの裏のニーズ」となるかは人それぞれです。

「ニーズの裏のニーズ」特定するためには、相手がどんな人であれ、どんな状況であれ、手を替え品を替え、「なぜ、それが欲しいのですか?」という問いかけをしなければなりません。

そして、どんな人にとっても、「**ニーズの裏のニーズ**」こそが「**本当の目的**」であ

り、それ以外のニーズは、あくまでもそれを叶えるための「手段」に過ぎません。

このことを忘れないでください。

まとめ３-２

「ニーズの裏のニーズ」にその人の本音が潜んでいる。
人の本音を摑む能力を身につければ、あなたを一生助けるスキルとなる。

「感情の壁」を越えなければ本当のニーズは聞けない

ここからは「相手のニーズを捉える（聞き出す）具体的な方法」について解説していきます。

相手のニーズを聞き出す前に、とても大切なことがあります。

それは**「相手にニーズを話してもらえるような状態」になってもらわなければならない**、ということです。

ここで重要になってくるのが、相手との「信頼関係」です。

信頼関係があれば、相手はニーズを話してくれます。

逆に信頼関係ができていない状態で、「あなたのニーズは何ですか？」「あなたは、本当は何がしたい（欲しい）のですか？」と聞いても、相手は本当のニーズを正直に話してくれません。

正直にニーズを話してもらえないとき、そこにはある障壁が立ちはだかっています。

それは「ああ、この人にはあまり本音を話したくないな」という気持ちです。

私はそれを「**感情の壁**」と呼んでいます。

ここでも「感情」が問題になってくるのです。

例えば部下に、「本当は将来どうしたいんだ？」と聞いたとき、はぐらかされてしまった経験はないでしょうか。

そういう態度をとられてしまうのは、「感情の壁」を越えられていないことが多いのです。

感情の壁が立ちはだかっている状態で、「あなたの本音を教えてください」と言っても、「いや、別にありません……」「それって、本当に言わなきゃいけないことですか？」と、相手は心の窓を閉ざしてしまうのです。

では、「感情の壁」を取り払い、信頼関係を築くにはどうしたらいいのでしょうか？　答えをお伝えする前に、「やってはいけないこと」から先に説明します。

信頼関係を築くときに「やってはいけないこと」が3つあります。

一つ目は**「正論を言う」こと**です。

例えば次のようなパターンです。

上司「最近何だか浮かない顔しているけど、何か悩みでもあるのか？　正直に話してみるよ」

部下「実は、今この問題に困っているんです」

上司「そうか。その問題は、どう考えても○○のようにしたほうがよくないか？　普通に、合理的に考えると当然そうだろう。そう思わないか？」

上司がこのように答えるとどうなるでしょうか？

「感情の壁」がどんどん厚くなってしまうことが容易に想像できると思います。

相手との信頼関係を築きたいなら、最初に「正論」を言ってはダメなのです。

「やってはいけないこと」の2つ目は、**「アドバイスする」こと**です。「○○したほうがいいよ」「その考え方はやめたほうがいいよ」などとアドバイスをすると、「私の話を聞いてほしいだけなのに……。この人は私のことをわかってくれないのか。本当のことを話すのはよそう」と「感情の壁」が厚くなり、ますますニーズを話してくれなくなります。

そして、相手との信頼関係を築くうえでやってはいけないことの3つ目は、**「共鳴する」こと**です。共鳴とは次のようなものです。

部下　「この問題に悩んでいるんです」
上司　「そうか、私も昔同じようなことがあって、ずいぶん悩んだものさ。例えば○○のようなこととかね。あと、こんなこともあったな、例えば……(自分の経験談を語る)。だから、そんなに悩む必要はないよ」

このように、相手の悩みに対して「自分事」として捉えて話すパターンは、絶対にNGというわけではありませんが、ニーズを聞き出す対応としては不十分です。

相手が「そうですか。あなたもその体験をしたんですね。私のことをわかってくれるんですね」と思ってくれる場合もありますが、「別にそこまでの話じゃないんだけどな」「勝手に解釈しないでほしいな」というように、ネガティブに感じてしまう人もいるため、注意しなければなりません。

まとめ3-3

ニーズを聞く際には、「正論を言う」「アドバイスする」「共鳴する」ことを避けることを意識する。

「共鳴」ではなく「共感」せよ

では、「正論」「アドバイス」はダメ、「共鳴」もダメ、となるとどうしたらいいのでしょうか？

「感情の壁」を取り払って相手のニーズを聞き出すために、何よりも最初にするべきことは、**相手の感情に「共感する」こと**です。

「共鳴」と「共感」、同じような意味に捉えられがちですが、微妙に違います。

どちらも「私もあなたと同じ状態になれば、同じように感じます」という気持ちを表すことですが、「共鳴」には「私も○○なんだよね～」という、自分の意思や考え、解釈が含まれています。

一方で「共感」は、自分の考えは一切入れずに、ひたすら相手の気持ちになって（立場に立って）、「そうなんだ。わかるよ」と言ってあげることです。

相手の感情に「共感」する受け答えとは、次のようなものです。

部下「今、仕事でこんなことに悩んでいるんですが」

上司「そうか。会社の命令やお客様の要望、いろいろ聞かなきゃいけないのって大変だよね。〇〇さんの立場に立ったとしたら、その気持ちはよくわかるよ」

このように「共感」することで、2人の間に立ちはだかっている「感情の壁」が徐々に消えていくはずです。

感情の壁がなくなった、つまり「ああ、この人は私の気持ちを理解してくれている」と思ってもらえたあとで、「本当は将来どうしたいんだ？」という質問をすれば、部下は、「実は、私は将来こういうふうに生きていきたいと思っているんです」と本音を話してくれるでしょう。

「この人は私の感情を認めてくれる」「私の思いを受け止めて（受容して）くれる」と

思ってもらえる状態、**つまり、この「感情の壁」がなくなった状態こそが「信頼関係」**が生まれていると言えるのです。

信頼関係が築けて初めて、相手の本当のニーズを聞き出せます。

「部下はなぜ本音を話してくれないのか？」と悩まれている上司はたくさんいらっしゃると思います。

部下の本音としては、「上司にこんなことを言ったら、怒られるか笑われるに違いない」と思っているのです。

日々の行動の中で、何かを相談したときに、共感ではなく、いつも正論や一方的なアドバイス、自分の経験談で返してくる。

そんな人に対して部下が本音を話すはずがありません。

相手の本当のニーズを聞きたいなら、その人が話している言葉の裏側にある感情に対して、しっかりと共感を示さないといけません。

上司と部下の間だけでなく、お客様に対しても同じです。

お客様に、「御社の課題を教えていただけますか？」と聞いたときに、「いや、課題と言われても、とくに思い浮かぶことはないですね」と返ってくるのであれば、お客様との間に、しっかりとした信頼関係が築かれていないことを意味しています。

どのような会社であっても、絶対に何かしらの課題があります。

信頼が得られていないから、お客様は課題を言ってくれないのです。

ニーズを聞く前には、必ず強固な信頼関係を構築しなければいけない。

これはニーズを捉えるうえでの必須条件だということを、ぜひ覚えておいてください。

まとめ3-4

「感情の壁」を取り払うには、「共鳴」ではなく「共感」するべき。「共鳴」には自分の考えが入っているが、「共感」は自分の考えは一切入れずに、ひたすら相手の気持ちになって（立場に立って）、「そうなんだ。わかるよ」と言ってあげることである。

3つのプロセス「共感」「関心」「質問」

相手の「ニーズの裏のニーズ」をうまく聞き出すには、ある明確なプロセスを踏む必要があります。

「共感」「関心」「質問」という3つの行動を繰り返し行うのです。

例えば、お客様とエステのトリートメントメニューについてヒアリングするとします。

もしお客様が、「リラックスできるトリートメントがいいんです」と言ったとしたら、まずその顕在ニーズを受け止め、「トリートメントって本当に気持ちいいですよね。リラックスできますし、私も大好きなんです」と「共感」することが大切です。

次が「関心」と「質問」です。

この過程で「ニーズの裏のニーズ」と、それが生じた「背景」を、次のような会話で聞き出します。ちなみに、相手によってどちらが先に出てくるかはわかりません。

あなた　「○○さんが考える『リラックスできるトリートメント』って、具体的にはどのようなものをお望みですか？」（関心・質問）

お客様　「アロマの香りがして、ゆっくりとしたマッサージが受けられるのがいいですね」

質問に対する答えが返ってきたら、再び共感し、関心を示して質問をします。

あなた　「アロマの香りとゆったりとしたマッサージですね。とってもリラックスできると思います」（共感）
「ちなみに、今回、リラックスしたいというのは、どのような理由があるのでしょうか？」（関心・質問）

「ニーズの裏のニーズ」は「感動」と結びついているので、このような会話で、「リラックスしたい」というニーズが、どのような感動につながっているのかを探っていきます。

ここで単刀直入に、「なぜ（Why）？」という疑問文で聞きづらければ、「リラックスすることで、どのような気分になりたいんですか？」という聞き方をすると、「ニーズの裏のニーズ」が出てきやすくなります。

そう聞けば、お客様は次のように答えてくれるかもしれません。

お客様　「最近、仕事がとても忙しくて、人間関係も疲れて、ストレスが溜まっているんです。もう本当、心と体をリフレッシュしたいと思って」

この答えで、お客様が本当に叶えたい「ニーズの裏のニーズ」は、「仕事と人間関係のストレスからのリフレッシュ」だということがわかりました。

あなた「ああ、そうだったんですね。お仕事のストレス、人間関係も大変ですよね。そのお気持ち、とってもよくわかります」（共感）
「少しでも心と体をリフレッシュさせるための最適なトリートメントと、施術をさせていただきますね」（関心）

また、「過去」の話を聞いていくことも、「ニーズの裏のニーズ」を捉える際のポイントです。

あなた「もし差しつかえなければ、過去に受けたエステやマッサージの中で、とくに心地よかったものはありますか？」（質問）

このように「**過去**」の話を聞いていくと、「ニーズの裏のニーズ」の「背景」がより明確に見えてきます。これがわかれば、過去の最高の体験を知ることができ、お客様が体験したことのないサービスを提供するためのヒントになります。

あなた　「施術が終わったあとは、すっきりとした感じや、ポカポカした感じなどさまざまなアロマで調整できるのですが、どんなリラックス状態になっていたいですか？」（質問）

「過去」と同時に、時間軸を「現在」「サービス直後」に広げると、「ニーズの裏のニーズ」がさらに深く、広く探索できます。

このように、相手の「ニーズの裏のニーズ」をうまく聞き出すためには、「共感」「関心」「質問」を繰り返し行うことが大切です。

「共感」「関心」「質問」の３つを繰り返すことで、本当に叶えるべきお客様のニーズを、かなり細かく洗い出せるのです。

まとめ３-５

「ニーズの裏のニーズ」は、「共感」「関心」「質問」の３つを使って、「過去」「現在」「サービス直後」といった時間軸を意識してヒアリングする。

法人顧客の「ニーズの裏のニーズ」を捉えるために知っておくべき「6つの価値」

ここまでは、BtoCにおける個人顧客の「ニーズの裏のニーズ」について見てきました。

次に、企業など法人顧客を対象としたBtoBビジネスにおける「ニーズの裏のニーズ」について考えてみましょう。

個人顧客と同様に、法人顧客にも「ニーズの裏のニーズ」があり、それを的確に捉えることが、ビジネスの成功につながります。

まずは「法人顧客が抱える基本的な問題」は何か、すなわち**「法人顧客が求める価値」**について知る必要があります。法人顧客にとっての「価値」の裏側に「ニーズの裏のニーズ」が潜んでいるからです。

『付加価値のつくりかた』でもお伝えしましたが、もう一度おさらいしておきましょう。

法人顧客（企業）が求める価値には、大きく次の６つがあります。

1 生産性のアップ
2 財務の改善
3 CSRの向上
4 コストダウン
5 リスクの回避
6 付加価値のアップ

これらが法人顧客にとってどのような価値を持つのか、一つひとつ簡単に説明しておきます。

1 生産性のアップ

「自社の生産性をアップさせたい」というのは、会社の規模にかかわらず、またどんな業種・業態の会社でも重要度の高い価値です。まさに「価値の王道」と言ってもいいでしょう。中小企業でも大企業でも、製造業でもサービス業でも、すべての企業は「現状より、もっと生産性を上げたい」と望んでいます。

2 財務の改善

財務の改善も、すべての企業にとって大きな価値になります。財務の改善にはさまざまな方法がありますが、代表的なものは「キャッシュフロー」の改善です。つまり、いつ入金があって、いつ払うのか、そのタイミングをしっかりコントロールできるかが財務の改善につながります。それをうまくコントロールする方法をお客様に提案・提供できれば、それが法人顧客にとっての高い価値となります。

３ ＣＳＲの向上

企業はＣＳＲ（企業が果たすべき社会的責任）活動に積極的に取り組み、その取り組みへの姿勢を社内外にアピールすることで「企業イメージの向上」が実現できます。

重要なのは、企業イメージの向上によって「どんな付加価値が生まれるのか」です。

ＣＳＲへの取り組みが甘いとレピュテーションリスク（風評・悪評の拡大により企業の評価・信用が下がり、損失を被るリスク）が高まり、場合によっては間接的に多額のコストがかかります。ＣＳＲに取り組んで企業価値が上がり、いい人材がたくさん集まれば、そうしたコストが削減できます。

4 コストダウン

コストとは、付加価値を生み出す作業にかかる「時間とお金」です。つまりコストダウンとは、付加価値の量（付加価値金額）はそのままで、作業にかかる時間とお金を減らすことです。

顧客に対してコストダウンという価値を提供しようと思うなら、まず「顧客にとっての付加価値とは何か」を定義しなければなりません。そのうえで、顧客が時間とお金を大量にかけている作業を抜き出し、その作業の低減化につながる商品やサービスを提案する必要があります。

5 リスクの回避

リスクの回避とは、「今はまだ発生していないけれど、将来発生するかもしれない損失」を回避することです。企業には「リスクを減らしたい、回避したい」というニーズがあり、そのニーズを叶えるところに価値が生まれます。

6 付加価値のアップ

付加価値のアップとは、法人顧客にとってのお客様、つまり「クライアント企業にとっての顧客（エンドユーザーなど）」に提供できる付加価値を向上させることです。

例えば、飲食店コンサル企業は、直接的な顧客である飲食店のことだけでなく、「その店を訪れるお客様に提供できる付加価値は何か？」「その付加価値をもっとアップさせるにはどうしたらいいか？」を考えなくてはなりません。

それが「付加価値のアップ」という大きな価値になります。

法人顧客にとって、この6つが重要な価値となります。

そして、「ニーズの裏のニーズ」は、これら6つに密接に紐づいています。
よって、もしあなたが法人顧客を相手に仕事をしているなら、必ずこれら6つの価値につながる「ニーズの裏のニーズ」を探り出さなければなりません。

まとめ3-6

法人顧客の「ニーズの裏のニーズ」は「生産性のアップ」「財務の改善」「CSRの向上」「コストダウン」「リスクの回避」「付加価値のアップ」に紐づいている。

法人顧客の「ニーズの裏のニーズ」を特定するためのアプローチ方法

では、法人顧客を相手にしているビジネスパーソンは、クライアントに対してどのようなアプローチをすべきでしょうか？

例えば、あなたがコンサルタントだとして、クライアント企業の担当者から「社内コミュニケーションを改善したいのですが」という相談を受けたとします。

ただ、この発言からは、お客様の顕在ニーズしか読み取れません。

「では、早速コミュニケーション改善のための研修をご用意しますね」と、顕在ニーズに応じた解決策を提案することしかできなければ、あなたは単なる「御用聞き」にとどまってしまいます。

ここでは「社内コミュニケーションを改善したい」という発言（ニーズ）の裏側に潜んでいる「ニーズの裏のニーズ」を捉えたソリューションを提供しなければなりません。

そのためには、「**ちなみに、なぜコミュニケーションを改善したいのですか？**」という質問を投げかける必要があります（ここまでお読みいただいた方は、「ニーズの裏のニーズ」を捉える「質問のスキル」がかなり身についてきていることだと思います）。

お客様との会話が次のように展開したとしましょう。

あなた　「ちなみに、なぜコミュニケーションを改善したいのですか？」
お客様　「実は最近、社内の人間関係がギクシャクしていて」
あなた　「それは、大変ですね……。社内がギクシャクしているのを見るのは嫌な気持ちになるでしょうし、働かれているみなさんもお辛いでしょう。私としてもできることがあればお力になりたく、もう少し深く聞かせていただきたいのですが……人間関係がギクシャクしていることで、何かまずいことが起きているんですか？」

お客様「営業の人間がどんどん辞めていってるんです」
あなた「それは困りましたね。どれくらい退職者が出ているのですか？」
お客様「去年は一人も辞めなかったんですよ。それが、今年はもう5人も辞めているんです。何とかこの流れに歯止めをかけたいんですが……」
あなた「そうですか、それは本当に大変ですね。そうしましたら、営業の方がこれ以上辞めないために、どのような解決策がベストか、しっかりと吟味検討したうえで、御社にとって最適な研修をご提案させていただきます」

ここで重要なのは、前述した法人顧客にとっての「6つの価値」をしっかり意識した提案をすることです。
この場合、フォーカスすべきは「**リスクの回避**」「**生産性**」の維持です。
そこであなたは、具体的な数字を挙げて次のように説明すべきです。

あなた「営業職を雇おうとすると、年間で一人あたり500万円程度の給与が必要ですよね。さらに人材紹介会社を使う場合、紹介料として年収の35％程度を取るため、一人あたりの紹介料は175万円になります。

さらに、年収500万円クラスの人材であったとしても、最初の半年間は仕事に慣れるまで、なかなか利益を上げられません。その半年間、人件費は顧客への価値ではなく、人材の育成に使われるということになります。社会保険料を加えると、さらに金額が増えるかもしれませんが、ざっと250万円が顧客への価値提供ではなく、その準備の育成費用となってしまいます。

紹介料と半年間の育成費用を合わせると、175万円+250万円=一人あたり425万円のコストがかかります。それが5人ともなれば、2000万円以上のコストですよね。

さらに、辞めてしまった営業の方が、この半年間で生み出すはずであった売上もなくなります。ひと月の売上が100万円だとすると、月100万円×5人×6ヵ月=3000万円以上の売上が失われます。合算してみると、『人間関係がギクシャクして5人の営業が辞めた』ために、2000万円以上のコストと、3000万円以上の売上が失われてしまっているんですね」

このようにリスクや生産性の低下について合意したあと、「これは御社にとってすごく大きなリスクであり損失ですね。この問題を根本から解決するコミュニケーション研修をしましょう」と提案すれば、お客様は商談を前向きに聞いてくれるでしょう。

これが、「ニーズの裏のニーズ」を捉えたソリューションの提案です。

B to Bにおける「ニーズの裏のニーズ」は、法人顧客にとっての「6つの価値」のいずれかに紐づいています。

それに対するソリューションを提案できれば、それが大きな価値となって、お客様はそこに多くのお金を支払ってくれます。

まとめ3-7

自社のサービスを売り込む際は、法人顧客にとっての「6つの価値」を意識した提案をする。

「機能・特長・行動・状態」に紐づくニーズと、「利点・成果・感動」に紐づくニーズ

「ニーズの裏のニーズ」の基本的な構造を理解しておくことで、お客様の「ニーズの裏のニーズ」をより的確かつスピーディに捉えることができます。

まず知っておいてほしいのが、「ニーズの裏のニーズ」とその他のニーズの構造面には明確な違いがあることです。

その違いを知っていると、「ニーズの裏のニーズ」とそれ以外のニーズを明確に判別できるようになります。

顕在ニーズと潜在ニーズを合わせた通常のニーズは、「**機能・特長・行動・状態（事象）**」に紐づいています。

一方で、「ニーズの裏のニーズ」は、**「利点・成果・感動」**に紐づいています。

この説明だけだと少しわかりにくいと思いますので、具体例を挙げて説明しましょう。

例えば、あるクライアント企業において、次のような顕在ニーズがあるとします。

1 資料を自動かつ高速に出力する複合機が欲しい
2 社内コミュニケーションをよくしたい
3 仕事が属人的になっているので改善したい

1の「資料を自動かつ高速に出力する複合機が欲しい」というのは、「機能」や「特長」の問題です。

2の「社内コミュニケーションをよくしたい」というのは「行動」の問題です。

また、3の「仕事が属人的になっているので改善したい」というのは「状態」の問題です。

このように、顕在ニーズは、基本的にすべて「機能・特長・行動・状態（事象）」に紐づいているのです。

1 2 3を掘り下げてみましょう。

そこには次のような「ニーズの裏のニーズ」が見えてきます。

1 資料を自動かつ高速に出力する複合機が欲しい

↓職場の生産性を向上させたい（ニーズの裏のニーズ）

2 社内コミュニケーションをよくしたい

↓人が辞めてしまってコストがかかり生産性も落ちているので、コストを抑えて生産性を上げたい（ニーズの裏のニーズ）

3 仕事が属人的になっているので改善したい

↓誰かが辞めたら会社が運営できなくなる状態（リスク）を避けたい（ニーズの裏のニーズ）

「職場の生産性を向上させたい」「コストを抑えて生産性を上げたい」「会社が運営で

きなくなる状態（リスク）を避けたい」というのは、それが叶えば「利点・成果・感動」につながるニーズです。

このように、**「ニーズの裏のニーズ」は、「なぜその機能・特長・行動・状態（事象）が重要なのか」という、顕在ニーズを深掘りした部分に現れます。**

さらに分析していくと、「ニーズの裏のニーズ」を生み出した「背景」が見えてきます。

- 職場の生産性を向上させたい
  ↓会社の中では、常に「生産性向上」が叫ばれている（背景）
- 人が辞めてしまってコストがかかり生産性も落ちているので、コストを抑えて生産性を上げたい
  ↓去年は離職者がいなかったが、今年は5人も離職者が出ている（背景）
- 誰かが辞めたら会社が運営できなくなる状態（リスク）を避けたい
  ↓営業部が属人的な状態で、エース一人の売上で何とかなっている（背景）

「ニーズの裏のニーズ」を生み出した「背景」を理解しておくことも、お客様のニーズを捉えるうえで必須です。

なぜなら、「ニーズの裏のニーズ」は、その背景から生まれているからです。

例えば、職場の生産性を向上させたいという「ニーズの裏のニーズ」にも、「会社全体でDXを推進し、一人あたりの生産性向上を経営者が掲げている」といった、生まれた背景があるのです。

もし、みなさんの仕事がお客様から「ちょっと違うんだよね……」と言われてしまうとしたら、お客様の「ニーズの裏のニーズ」とその背景が捉えられていないことが原因になっているはずです。

「ニーズの裏のニーズ」を捉えていない状態は、そもそも相手の狙っている方向や達成したい目的がわかっていないということです。

その状態で、長々と商品の説明をしたり、「お客様の問題解決のために、こんな施策を実行しました！」と言ったりしても、ほとんどがムダになってしまいます。

場合によっては、お客様から「こういうものを頼もうと思っていたのに、この見積もり、余計な項目が多すぎない？」「これ、本当にそんなに費用がかかるの？」と言われてしまうでしょう。

ニーズには「機能・特長・行動・状態（事象）」に紐づいているニーズと、「利点・成果・感動」に紐づいているニーズがあること、そして「顕在ニーズ」「ニーズの裏のニーズ」「ニーズを生んだ背景」の相関関係を理解しておいてください。

そうすれば、通常のニーズ（顕在ニーズ・潜在ニーズ）と「ニーズの裏のニーズ」が明確に判別できるようになります。

まとめ3-8

「ニーズの裏のニーズ」は、「なぜその機能・特長・行動・状態（事象）が重要なのか」という、顕在ニーズを深掘りした部分に現れる。

ニーズの「4つの領域」を知り、確実かつ緻密にお客様にアプローチする

ここで、私が考える「ニーズ全体の構造」について、その全貌を詳しく解説します。

「ニーズの裏のニーズ」の構造を正しく理解するためには、ここで説明する「ニーズ全体の構造」をしっかりと理解しておく必要があります。

次ページの図7のルービックキューブのような形が、ニーズの全体構造です。

立体構造図を上から見ると、その表面は次の「4つの領域」に分かれています。

1 私たちは知っている（顕在ニーズ）×お客様は知っている（顕在ニーズ）

2 私たちは知っている（顕在ニーズ）×お客様は知らない（潜在ニーズ）

図7 顕在ニーズ・潜在ニーズの全体構造

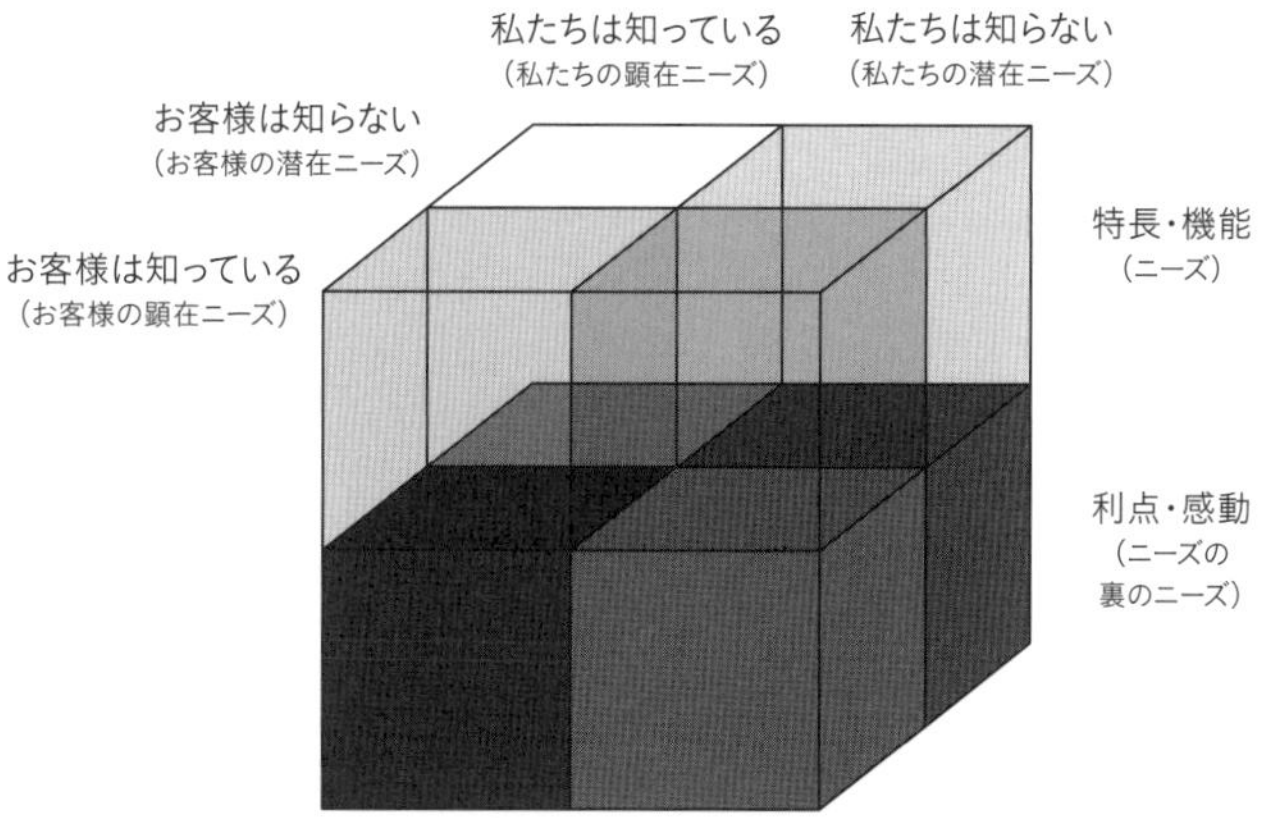

	私たちが知っている	私たちが知らない
お客様が知らない 気づいていない	盲点領域 お客様：潜在ニーズ 私たち：顕在ニーズ	未知領域 お客様：潜在ニーズ 私たち：潜在ニーズ
お客様が 知っている	開放領域 お客様：顕在ニーズ 私たち：顕在ニーズ	秘密領域 お客様：顕在ニーズ 私たち：潜在ニーズ

3 私たちは知らない（潜在ニーズ）×お客様は知っている（顕在ニーズ）
4 私たちは知らない（潜在ニーズ）×お客様は知らない（潜在ニーズ）

それぞれの領域を次のように呼んでいます。

1 開放領域（私たちも、お客様も知っている）
2 盲点領域（私たちは知っているが、お客様は知らない）
3 秘密領域（私たちは知らないが、お客様は知っている）
4 未知領域（私たちも、お客様も知らない）

では、実際にニーズを捉えるために、この構造図をどう活用すればよいのかについてお伝えしていきます。

例えば、営業が初めてのお客様に会うとき、まずは、営業もお客様も知っている「開放領域」から話を進めていくのが基本です。

開放領域にあるのは、私たちにとっても、お客様にとっても「顕在化しているニーズ」なので、「当然こんなニーズがありますよね」という確認、話のすり合わせレベルの会話で十分です。

深掘りしていくべきは、私たちは知っているが、お客様は知らない「盲点領域」です。ここには、お客様が気づいていない「潜在ニーズ」が存在しています。

お客様は気づいていないので、「お困りになっていることは、こういうことですよね」と、盲点領域にある潜在ニーズを伝えると、「言われてみれば、確かにその通りです」という反応が返ってきます。

第1章で紹介した「レンタルタキシードでいい」と思っていたお客様にオーダーメイドの価値を伝えると、「確かに、オーダーメイドのタキシードのほうがいいですね！」という反応を示すという話が好例です。

盲点領域にある潜在ニーズは何かを明確にすることで、お客様に確実にソリューション、付加価値を提供できます。

営業があまりうまくない人は、「開放領域」のど真ん中、例えば、誰でも知っているような業界の基本情報などから話をしてしまいます。

そこから話してしまうと、お客様から「そんなことは、私でも知っていますよ。もっと私が知らないような有益な情報はありませんか？」と思われてしまいます。

また、「盲点領域」のど真ん中から話を始めてしまうのも得策ではありません。お客様が知らない話ばかりしてしまうと、「知らない話ばかりで、ピンとこない」「話が専門的すぎてよくわからない」と思われてしまいます。

営業のうまい人は、「**開放領域と盲点領域の境目**」あたりから話を進めていきます。

例えば、「最近よくメディアに取り上げられているので、もしかしたら○○さんもご存知かもしれませんが、こういう点についてはいかがですか？」「ちなみに、御社の業界的には、最近このあたりが非常に重要な課題だと思うのですが、どう思われますか？」といったように、少しずつ探りを入れながら聞いていくのです。

こうしてお客様と会話を積み重ねていくと、相手の「知っている」領域と「知らない」領域の境目がどのあたりにあるのかがクリアになってきます。

その微妙な境目を見定めることにより、ニーズ探索がしやすくなるのです。

「開放領域と盲点領域」におけるお客様のニーズを探索したら、その次に「私たちが知らない領域（秘密領域と未知領域）」を深掘りしていきます。

秘密領域と未知領域を探索するためには、次の3つが有効な方法です。

1 「お客様のニーズに関する知識」を増やす
2 「お客様との信頼関係」を築く
3 「お客様の成長」に貢献する

一つ目の有効な方法は、私たちが「お客様のニーズに関する知識を増やす」ことです。お客様のニーズに関する知識が増えれば、私たちが知っている「開放領域と盲点領域」が広がり、その結果、私たちが知らない領域が狭くなります。

例えば、お客様のビジネスに関連する業界知識や業務知識が該当します。

DXソリューションを、お客様のバックオフィスに対して提供するとすれば、お客様のバックオフィスの中で行われている業務の概要、そしてそのプロセスの詳細と改善方法についての知識を知っておくべきでしょう。

そうすれば、お客様との会話で、お客様が知っている改善手法（顕在ニーズ）と知らない改善手法（潜在ニーズ）を明確にできるのです。

しかし、知識をどんどん増やして秘密領域と未知領域を狭めていっても、どこかで、それ以上のニーズ探索が困難になるタイミングがあります。

なぜなら、秘密領域と未知領域には、「お客様しか知らない」、または「お客様も知らない」ことがあるからです。

まず、秘密領域を聞くためには、2の「お客様との信頼関係」を築くことが求められます。**より深い信頼関係を構築できれば、お客様しか知らないニーズを教えてもらうことができるようになる**のです。

ちなみに秘密領域において最も聞く必要があることは「意思決定」に関することです。まさに「誰が、どんな考えで決めるのか？」です。

これは私たちが仮説は立てることができても、実際にはわかりません。

とくに高価な商品については、この秘密領域を教えてもらえていなければ購買には至らないことが多いのです。


そして、最後に残るのは「未知領域」の探索です。

この領域は、見つからなくてもお客様は買ってくれます。

しかし、この領域までを見つけることができていれば、継続的なパートナーシップが芽生える可能性が高くなるのです。

「私たちも、お客様も知らない未知領域」を探索していくにあたって意識すべきなのは「**お客様の成長へ貢献すること**」です。

お客様が成長する、つまりお客様の知識や気づきが増えることによって、これまでは見ていなかった未知領域をお客様が見えるようになるのです。

例えば私たちが販売した商品で、お客様のあるプロジェクトが成功したとします。

お客様は成功するとともに、成長します。

そうすると、次のプロジェクトのときは、これまでにないほどの生産性や売上が求められるでしょう。

そのとき、お客様はどんなニーズを話してくるでしょうか？

そう、それまでのお客様では知らなかったニーズを話してきます。

私たちがそのニーズの解決方法を知っていれば、潜在ニーズですが、そのニーズの解決方法を私たちが知らなければ、これはまだソリューションがつくられていない未知領域のニーズとなります。

お客様の成長に貢献することができれば、さらに大きな信頼を寄せてくれ、「まだソリューションがつくられていない未知領域のニーズ」に対して、一緒にソリューションをつくっていくパートナーのような関係になれるのです。

ニーズ探索では、ここまで解説してきたニーズ全体の構造をもとにお客様にアプローチすることがポイントです。


さて、ここでもう一度話を「ニーズの裏のニーズ」に戻しましょう。ニーズの立体構造図の中の、どこに「ニーズの裏のニーズ」が存在するのでしょうか？

それは、**立体構造図を横から見たときの「下半分」の部分**です。

図8 「ニーズの裏のニーズ」はどこにある？

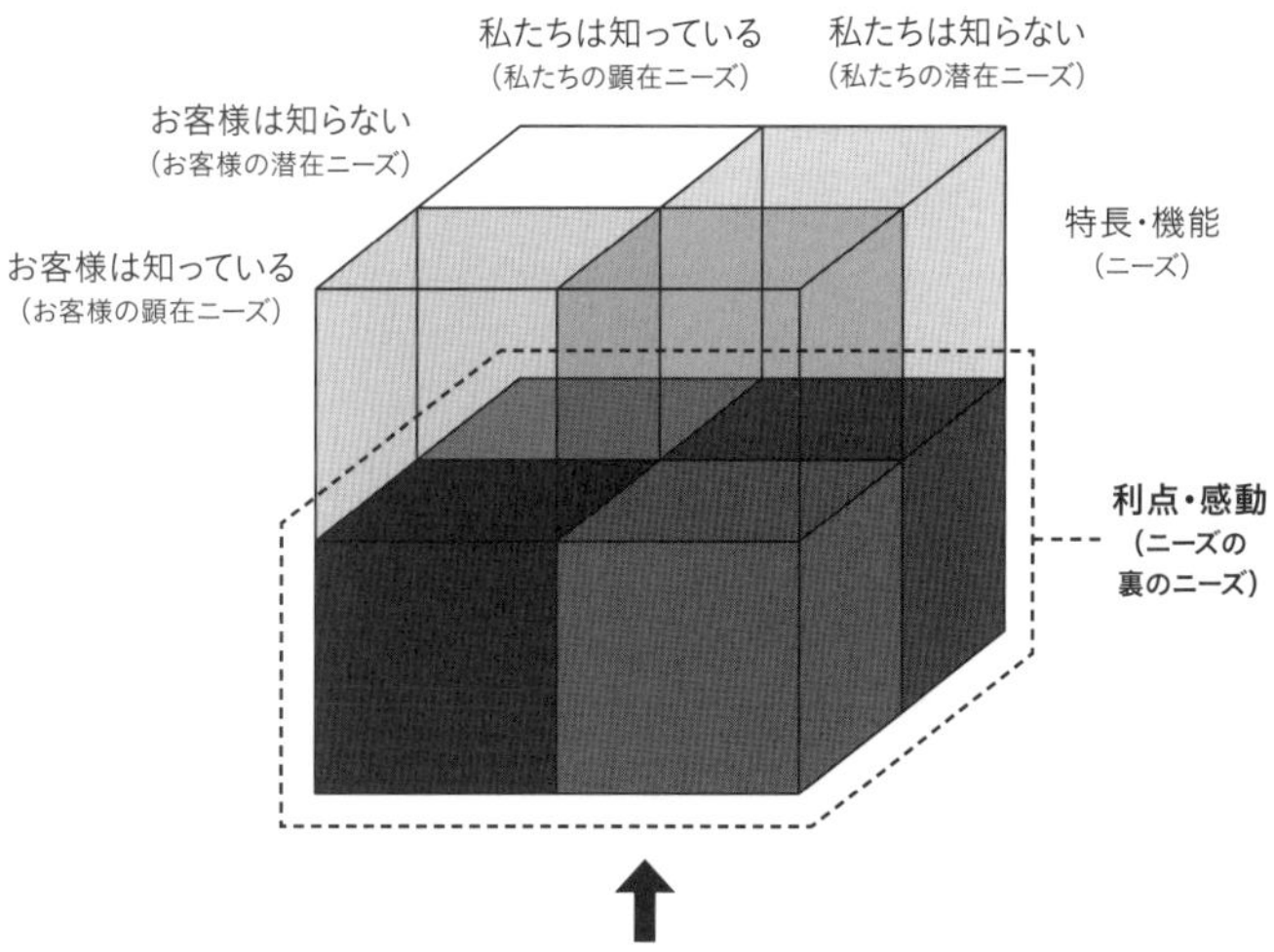

「ニーズの裏のニーズ」は、「利点・成果・感動」と
結びつく、より深いニーズが存在する領域。

	私たちが知っている	私たちが知らない
お客様が知らない 気づいていない	盲点領域 お客様：潜在ニーズ 私たち：顕在ニーズ	未知領域 お客様：潜在ニーズ 私たち：潜在ニーズ
お客様が 知っている	開放領域 お客様：顕在ニーズ 私たち：顕在ニーズ	秘密領域 お客様：顕在ニーズ 私たち：潜在ニーズ

上から見ただけでは、立体の底の部分（裏側）にある「ニーズの裏のニーズ」は見えてきません。

上側（表面）部分は、先に説明した「機能・特長・行動・状態（事象）」と紐づく「表面的なニーズ」の領域であり、下側（裏側）部分は、「利点・成果・感動」と結びつく、より深いニーズが存在する領域なのです。

これが理解できれば、商品企画時にも、マーケティング時にも、セールス時にも、自分のアクセスしているニーズの領域がどこなのかがわかります。

「商談がうまくいかない」「なかなか利益が出ない」と悩んでいる人・会社は、往々にして上側（表面）の「機能・特長・行動・状態（事象）」に関わる部分しか探索していません。

「ニーズの裏のニーズ」を探り、価値を訴求するためには、下側（裏側）の「利点・成果・感動」につながる領域を、確実かつ緻密に探っていく必要があるのです。

まとめ3-9

[1]「お客様のニーズに関する知識」を増やす、[2]「お客様との信頼関係」を築く、[3]「お客様の成長」に貢献する、ことを意識して、ニーズ探索を進めていく。

「ニーズの裏のニーズ」がわかれば、再現性をもって「買い続けてもらえる」

ここまでの説明で、「ニーズの裏のニーズ」の重要性と構造を理解できたと思います。

ここからは、「ニーズの裏のニーズ」を捉える力を持っていることで、具体的に何ができるようになるのか？　実際のビジネスの現場でどのようなことが実現できるのかをお伝えします。

お客様など周囲の人々の「ニーズの裏のニーズ」を理解し、しっかり捉えられるようになると、ムダな仕事が減り、仕事の生産性が高まり、周囲から高い評価と信頼を得られます。

しかし、それだけではないのです。

「ニーズの裏のニーズ」を捉える力を持っていると、**この先、どんな仕事に就いても、どんな状況に置かれても、絶対に食いっぱぐれることはなくなります。**

「ニーズの裏のニーズ」を叶えるためのお客様の購買行動には終わりがありません。

終わりがない、というのはどういうことを意味するのでしょうか。

あなたがお客様の「ニーズの裏のニーズ」を捉えていれば、

1 その商品を「買い続けてもらう」

2 その商品に加えて「他の商品も買ってもらう」

3 その商品とは異なる「まったく別の商品を買ってもらう」

ことができるのです。

どういうことか、順番に説明していきましょう。

まずは、1 **その商品を「買い続けてもらう」**についてです。

「コミュニケーションを改善したい」という企業の例を紹介しました。

そこでは、営業が5人も辞めていて、半年間で2000万円のコスト、3000万円の売上が失われるリスクを抱えている。

その問題を解決したいという「ニーズの裏のニーズ」がありました。

これを叶えるソリューションが提供されるのであれば、クライアント企業は「買う」という意思決定をしてくれます。

では、研修を買って社員が受講し、問題が解決したお客様は、それで満足して、それ以上の購買行動をしなくなるのでしょうか？

お客様の「ニーズの裏のニーズ」が叶えられてしまったら、そのお客様に対するあなたのセールス活動は「終了」なのでしょうか？

答えはノーです。

「コミュニケーションが改善された結果、営業が辞めなくなった」としても、次は、「もっとコスト削減をしたい」「もっと営業の生産性を向上させたい」「もっと売上を伸ばしていきたい」というニーズが生まれてきます。

これを知っていれば、あなたはクライアントに新しい研修を提案できるでしょう。

あなた　「社長、私たちのコミュニケーション研修を受けていただいてありがとうございます」

お客様　「あれはよかったですよ。離職がずいぶん減りました」

あなた　「ありがとうございます。営業の方々が辞めなくなり、コスト削減をして売上が上がるという目的をある程度達成できましたね。おめでとうございます！　実は新たな研修を開発していて、それを受けていただければ、さらに御社の売上をアップできそうです。一度、詳しくお話しさせていただいてもよろしいでしょうか？」

お客様　「ぜひ、聞かせてください！」

こうなれば、あなたはお客様に、「もっとコスト削減ができ、もっと営業の生産性を向上させ、もっと売上を伸ばすためのソリューション（研修）」を販売できます。

その結果、さらなるコスト削減、生産性と売上アップを実現したとします。

すると、お客様は「もっと売上を上げたい」と考えます。
もっと売上が上がると、相手は「もっともっと売上を上げたい」と思うでしょう。
こうして、お客様はエンドレスにあなたが提案する研修を買ってくれます。

相手の「ニーズの裏のニーズ」がわかっていて、そこに的を絞った提案をすれば、あなたは何度でも自社商品・サービスを販売できるのです。

これは、マーケティング用語で「**アップセル**」と呼ばれるセールス手法です。
顧客が一度購入した商品と同種で「より上位のもの」を提案して、繰り返し購入してもらうのです。

「**ニーズの裏のニーズ**」は、お客様の根源的なニーズなので、**終わりがないニーズ**なのです。

終わりのないニーズに対してアプローチすれば、高い再現性をもって、何度でもお客様の購買行動を喚起することが可能になります。

ちなみに、「ニーズの裏のニーズ」に的を絞ってアップセルを繰り返す際には、「マイナスから0にする」のではなく、**「0から1にする」、さらに「1から10にする」という意識を持つこと**が大切です。

歯科医院では、虫歯があって痛みがある状態を、保険範囲内の治療によって痛みのない状態にします。

これは「マイナスから0にする」という段階です。

そこからさらに、自由診療で「予防が必要ですね」「矯正をしたほうがいいですね」「ホワイトニングもお勧めです」と提案することによって、アップセルを行います。

これが「0から1にする」「1から10にする」ということです。

「0から1にする」「1から10にする」のがうまい歯科医院は経営に成功していますが、「マイナスから0にする」段階にとどまっている歯科医院は、往々にして経営難に陥っています。

「0から1にする」「1から10にする」という段階へとアップセルしていきたいのであれば、歯科医院は「患者さんが何に価値を感じているのか、何に感動するのか」を知らなければなりません。

患者さんにとっての「価値」「感動」は、「予防によって口腔内環境を整え、歯周病菌などによる全身疾患を防いで健康寿命を延ばし、楽しく豊かな人生を送りたい」「ホワイトニングによって印象をよくし、仕事で成功して人生を変えたい」などです。

これが理解できている歯科医院とできていない歯科医院では、雲泥の差が生じます。日々の仕事でも「ニーズの裏のニーズ」を意識をしてアップセルを行えば、お客様は次々とあなたが提案する商品・サービスを購入してくれるでしょう。

まとめ3-10

「ニーズの裏のニーズ」は終わりのないニーズなので、適切なアプローチができれば、再現性高く、商品を買ってもらうことができる。

「ニーズの裏のニーズ」がわかれば、「他の商品」も買ってもらえる

次に、**2 その商品に加えて「他の商品も買ってもらう」**についてです。

「ニーズの裏のニーズ」を捉えてアップセルが実現できたら、次に行うべきことは**「クロスセル」**です。

クロスセルとは、ある商品の購入を検討している、または購入してくれた顧客に対し、別の関連商品も一緒に購入してもらうセールス手法です。

例えば、研修によってクライアント企業の営業の生産性がアップしたとします。

そこで、次のように提案するのです。

あなた　「社長、営業の生産性がアップしましたね。今度はコスト削減にもっと力

を入れたいのではないですか？」

お客様「ぜひそうしたいね」

あなた「我々のパートナーで、大幅なコスト削減にアプローチできるシステムを開発している企業があります。そちらも合わせて導入されると、さらに経営改善につながるのではないかと思います。一度、ご紹介してもよろしいでしょうか？」

こう提案すれば、そのシステムを導入してくれる可能性が高まります。

BtoCの場合の「ニーズの裏のニーズ」は感動です。

一回感動すれば、それで終わりでしょうか？

そのあとは、感動のない、灰色の人生でよいでしょうか。

そんなことはないですよね。

ずっとバラ色の人生、つまりずっと素晴らしい感動をしていたいのが人間というものです。

例えば、あるカップルが結婚式を挙げたら、式のあとには家を買うかもしれません。さらに、生まれてくる赤ちゃんのために必要なベビー用品を購入したり、育児サービスを利用したりするかもしれません。将来的には、子どもたちを塾に通わせるかもしれませんし、家族旅行に行くかもしれません。

これらすべては、「人生を幸せに生きるため」つまり、感動のために行うものです。人生を幸せに生きたいという「ニーズの裏のニーズ」を知っていれば、お客様にずっと買い続けてもらう提案ができるのです。

最後に、**3 その商品とは異なる「まったく別の商品を買ってもらう」**についてです。

これは、いわゆる「**代替提案**」という営業手法です。

「ニーズの裏のニーズ」がわかっていると、「代替提案」も可能になります。

例えば、あなたがブライダル会社のお客様担当だとして、結婚式の打ち合わせで「どうしても天窓が欲しい」と言うお客様（新婦さん）の「ニーズの裏のニーズ」を探るために、お客様と次のような会話をしたとします。

あなた「どうして天窓が欲しいのですか?」

お客様「この前、友人の結婚式に出席したんですが、そのとき、天窓から射す光で新婦が輝いて、とっても映えていたんです」

あなた「なるほど。失礼ですが、なぜそれが大事なのでしょうか?」

お客様「私が両親や友人の目に素晴らしく映ることが、自分にとっても夫にとっても、本当に感動することだと思うんです」

この新婦さんの「ニーズの裏のニーズ」は、「両親や友人の目に、自分が輝いて素晴らしく映ること」です。

したがって、それさえ叶うのであれば、「天窓」は必須アイテムではなくなります。

そうすると、次のような提案ができるはずです。

あなた「私どもの結婚式場にはテラスがあって、海を背景にした写真を撮ることができます。天窓から光が落ちてくるのではなくて、太陽の光の下で新婦が輝くところを見せる、そして、バックには広大な青い海。というのはいかがでしょうか？」

お客様「それなら、天窓じゃなくてもいいかもしれませんね！」

この場合、「天窓」は「新婦を輝かせる」という目的を叶えるための「手段」なので、「どうしても欲しいもの」ではなかったということです。

このように、「ニーズの裏のニーズ」を叶えるための別の提案が「代替提案」です。

前述したホームセンターにドリルを買いに来た男性の話では、息子が喜んでくれたら、また、息子といい時間を過ごすことができたとしたら、買うものはＤＩＹ工具でなくてもよかったのかもしれません。

「ニーズの裏のニーズ」さえしっかり捉えていれば、他のソリューションでもお客様の要望を叶えられるということです。

「お客様、この問題の解決は、絶対にこの商品にしかできないんですよ！」と力説する営業をよく見かけますが、お客様の「ニーズの裏のニーズ」がわかっていないことがほとんどです。

「ニーズの裏のニーズ」がわかっていたとしたら、「絶対にこれでないとできない」ということはそれほど多くありません。

必ず違うやり方があるはずです。

「ニーズの裏のニーズ」さえわかっていれば、営業方法の幅や、ソリューション提案の選択肢がグンと広がるのです。

まとめ3-11

「ニーズの裏のニーズ」がわかっていれば、クロスセルや代替提案もできるようになる。

経営者の「ニーズの裏のニーズ」探索は、「会社として」&「個人として」の2方向から

みなさんにとって身近なテーマであろう、**経営者や上司の「ニーズの裏のニーズ」**を捉えることについて考えてみましょう。

「ニーズの裏のニーズ」をあなたの職場内でも捉えることは、重要です。

経営者や上司の「ニーズ」「ニーズの裏のニーズ」を捉えて、それを叶えることができれば、あなたは彼らから「彼は私が何を欲しているか、よくわかっている」「彼女は私の話をちゃんと聞いてくれ、私の願いを叶えてくれる」と高い評価と信頼を得られるようになります。

また、「彼は、とても仕事ができる優秀な社員だ」「彼女は頼りになる。○○さんに仕事を頼めば大丈夫だ」と言われるようになり、場合によっては給料も上がるかもし

れません。

経営者が商談相手である職種の読者も多いと思います。

ましてや、上司というのは、ビジネスパーソンであれば、ほとんどの人が日々「お付き合いする」存在です。

仕事で頻繁に接することになる「経営者の心」「上司の心」を再現性高く捉えることも、非常に重要なテーマなのです。

では、経営者や上司の「ニーズの裏のニーズ」を捉えるにはどうしたらいいのでしょうか？　ここでは経営者にフォーカスして考えてみたいと思います。

すべての経営者が求めているのは、自らの「利益」です。

彼らは常に「利益」を求めているのです。

では、経営者にとっての利益とは何でしょう？

それは、本書で繰り返し登場している「法人顧客にとっての6つの価値」、すなわち「生産性のアップ」「財務の改善」「CSRの向上」「コストダウン」「リスクの回避」「付加価値のアップ」です。

会社にとっての価値、イコール経営者にとっての価値なのです。

したがって、経営者の「ニーズの裏のニーズ」を捉えるためには、まずはこれら6つの価値につながるニーズを考えればいいのです。

また、経営者の「ニーズの裏のニーズ」を捉える際に、もう一つポイントがあります。

それは、経営者の**「個人」としてのニーズ**です。

経営者にとっては、「会社としてのニーズの裏のニーズ」だけでなく、「個人としてのニーズの裏のニーズ」も重要です。

多くの経営者は「信念」を持ち、その信念に基づいた**「個人のビジョン」の達成**を求めています。

「信念」と「個人のビジョン」の達成という部分に、「個人としてのニーズの裏のニーズ」が潜んでいるのです。

人は誰しも「原体験」というものを持っています。

原体験とは、人格形成に影響を与えた幼少期の体験だけでなく、思考・行動パターンや傾向に何らかの影響を及ぼしている過去の体験です。

原体験を通して、何を感じ、その人の心に何が残ったのか。

原体験を受けて抱くようになった、「本当はこうしたい」「本当はこうありたい」という「信念」や「個人のビジョン」の達成が「ニーズの裏のニーズ」につながっています。

とくに「**過去の嫌な経験と、そこから生まれた信念（こうありたいという気持ち）の間にあるギャップを埋めたい**」という思いの中に、その人の「ニーズの裏のニーズ」が存在します。

経営者がどんな「経験」を経て、どんな「信念」を持ち、それに基づくどんな「個人のビジョン」を達成したいと思っているのか。

それがわかれば、あなたはよき理解者として、経営者からの信頼を勝ち取れるでしょう。

自分の信念をわかってくれる人を、経営者はナンバー2にしたがる傾向がありま す。そういう人に対しては、「君が言うんだったら」と、意見を受け入れてくれるこ とさえあるのです。

しかし、彼らの心情を理解しないままに、「社長、こうしたほうがいいですよ」と 言ったとしても、彼らの心を動かすことはできません。

どれほどいい話であったとしても、多くの経営者はもともと持っている自分の信念 を曲げてまで、何かを実行に移そうとはしません。

あなたが、「社長、こっちのマーケットで、このビジネスモデルを展開したほうが 儲かるじゃないですか」と言っても、心の中に、「確かにそうすれば、もっと儲かる かもしれないが、私の信念、ビジョンとそのビジネスモデルは合致しない」「私がそ のマーケットを取りにいかないのは、○○という信念、ビジョンがあるからだ」とい う思いがあれば、経営者は動かないのです。

私はコンサルティングを生業としていますが、「コンサルタントとしてより多く稼ぐ」ということが目的であれば、特定の業種の成功事例をPR材料にして、日本中の同業種の会社だけに営業をかければ、効率的に利益を上げられます。

提案内容も営業方法も同じフォーマットを使えばよいのですから、とても簡単です。

しかし、それは私にとっての「個人のビジョンの達成」ではありません。

私は、すべての人が実践でき、それによって幸せな人生を送れる「価値主義の経営」を、日本中の会社で実現させるという信念を持っています。

この信念は、リーマンショックでの就職難により、私の幼馴染がこの世を去るという私にとって消えることのない辛い体験から生まれました。

また、初めての東京への出張で見た、生きた目をしていないビジネスパーソンたちの姿が、私のこの信念をさらに強固にしました。彼らの姿は、価値を感じられずに働いている多くの人々の象徴のように感じたのです。

さらに、自分たちの贅沢を考えず、私の人生を全力で支えてくれた両親の姿も、私の信念を推進する大きな要因となっています。

そして、今の私には、3人の子どもがいます。この子たちが社会に出るときに「生きづらい社会」と思うのか、「生きがいある社会」と思ってくれるのか。

これらが、私がこの信念をもった原体験です。

誰もがお客様から「ありがとう」という感謝の言葉をもらいながら働けるような経営の仕組みをつくる。

さまざまな経営体系の中で、価値主義を実現できるようなロジックやシステム、構造をつくっていきたいと考えています。

そんなビジョンを持っているからこそ、一つの業種に特化し、自分自身の利益を最大化するということは、私にとって重要ではないのです。

もしあなたが、**自社の社長を理解しようと思うのであれば、「なぜ、うちの会社はこんなビジョンを持っているのだろう。なぜ、うちの社長はこんな言葉を語っているのだろう」ということを意識し、「信念」と「ビジョン」を知ろうとすることから始めてみてください。**

そこから経営者個人としての「ニーズの裏のニーズ」が見えてくるはずです。

「6つの価値」に紐づく会社の「ニーズの裏のニーズ」、経営者個人の「ニーズの裏のニーズ」の両方を理解したとき、初めて経営者、およびあなたが所属する会社にとって、本当に価値のある助言・提案・仕事ができるようになります。

ちなみに、経営者とのコミュニケーションにおいて、忘れてはならないことがあります。多くの経営者は潜在的に、「私のニーズの裏のニーズを聞いてほしい」と思っていることです。

経営者というものは、誰もが**「私の本当の思いを知ってほしい」**「私の話を聞いてほしい」と思っているのです。

往々にして、経営者や上司は部下に自慢話をしたがります。

そこで、「彼らは何のために自慢話をしているのだろうか?」と考えてみましょう。

理由としては2つ考えられます。

一つ目は「部下に教えたい」という思いです。2つ目は「承認欲求」です。彼らは「私の経験やこれまでの実績を認めてほしい(承認してほしい)」と思っています。

みなさんがすべきことは、その気持ちを汲んで、思いを叶えてあげることです。
例えば、このようなイメージで会話を進めるといいでしょう。

経営者「昔、こんなことがあってね。いやあ、当時はすごかったよ」
あなた「そんなことがあったんですか、すごいですね。いつ頃の話ですか？」
経営者「あれは確か20代半ばの頃だな」
あなた「20代半ばのときからそんなことをされていたんですか。だから今の○○さんがあるんですね」
経営者「あの頃は、がむしゃらに頑張ったよ」
あなた「どうして、そこまで頑張れたんですか？」
経営者「俺はいい学歴を持っていなくてね。それが**すごく悔しくて**。だから何としてでも実績をつくりたかったんだ」

このような会話ができれば、経営者は「ニーズの裏のニーズ」を話してくれるかもしれません。

また、経営者は、「**重たい（深刻な）ことを、軽く話す傾向がある**」ということも覚えておいてください。

彼らは、部下とのコミュニケーションがうまくいかないことを深刻な問題として認識していても、「最近ね、部下がこんなことを言っているんですよ。困っちゃうんだよなあ」などと軽いトーンで話します。

現実を重い気持ちで受け止めたくないという心理が働いているからです。

また、業績が落ちていることに対して深刻に悩んでいたとしても、「業績がね、最近ちょっと落ちているんですよ。まあ、めちゃくちゃ悪いわけじゃないので、そんなにたいした問題じゃないんですけどね……」などと言います。

基本的に、人は自分の問題に正面から向き合いたくないものです。

だからこそ、ついついそこから目をそらした感じで話してしまいます。

「まあ、そんなにたいした問題じゃないんですけどね（真剣に聞かなくてもいいですよ）」と言いながら、心の底では、「本当は聞いてほしい」と思っています。

深刻な顔をして、「どうか聞いてほしい」と言ったら、相手に気を遣わせてしまうかもしれない、嫌な思いをさせてしまうかもしれない、と思うのでそうは言えません。

そんな思いを汲んで、「よかったらもっと詳しく教えてもらえますか？」と真剣に聞くことができれば、「ニーズの裏のニーズ」を話してくれます。

相手が経営者や上司であっても、お客様であっても、**ちょっとした言葉や会話から「ニーズの裏のニーズ」の発端を捉えて、傾聴する。**

そういう関係性を築くことができれば、「仕事の悩みを相談するパートナー」を超えて、「仕事だけでなく人生の悩みも打ち明けられるパートナー」として伴走できるはずです。

まとめ３-12

経営者との会話では、「法人顧客にとっての６つの価値」とともに、経営者の原体験に基づく個人としての「ニーズの裏のニーズ」を念頭に置いて話を進める。

「生きづらさ」を解消し「自立した人間」になるために

もしあなたが会社組織で働いているなら、組織に貢献するために、「生産性のアップ」「財務の改善」「CSRの向上」「コストダウン」「リスクの回避」「付加価値のアップ」につながる自社の「ニーズの裏のニーズ」を叶えなければならないのです。

さらに、あなたが働く会社は、クライアント企業の「生産性のアップ」「財務の改善」「CSRの向上」「コストダウン」「リスクの回避」「付加価値のアップ」につながる「ニーズの裏のニーズ」を叶えなければなりません。

シンプルに表現すると、あなたに求められることは、たった一つです。

それは、

自社の「ニーズの裏のニーズ」だけでなく、「社会（＝お客様）のニーズの裏のニーズ」を価値に変えて提供し、その対価として会社にお金が入るようにすることです。

極論を言えば、あなたはこの点だけ達成していくように動けばいいのです。

市場への価値提供により、自社により多くのお金が入ってくれば（利益がアップすれば）、自社の「生産性」や「財務」が改善していきます。

それらの成果は「お金」として現れてくるので、あなたは社会や会社から正当に評価されます。

「自立した人間になる」というのは、会社勤めを辞めて起業したり、独立して一人で仕事をしたりすることではありません。

たとえ会社に所属していたとしても、社会の「ニーズの裏のニーズ」つまり、「**何が社会にとって価値になるのか」を理解し、常にその価値を社会に提供して生きていく**ということです。

それができていれば、怖いことなど何もありません。

社会に価値を提供することで、会社はその見返りとして、社会からお金をもらいます。

価値の源泉はニーズであり、社会が求めているニーズが価値につながります。

「価値提供を基軸とした社会と会社、個人の構造」を理解していれば、会社はその構造の一部に過ぎないことが見えてきます。

たくさんの人が持っているニーズの集合体こそが社会であり、社会のニーズを「ニーズの裏のニーズ」のレベルで理解し、価値につなげる。

価値をお金に換え、それをきちんと数字という形で会社に報告・貢献できるのであれば、あなたはどんな会社に行っても、どんな仕事に就いても、独立してもフリーランスとして仕事をしても、いかなる状況でも、しっかりとお金を稼ぐことができます。

「日々の努力が報われないな」と感じているビジネスパーソンのほとんどは、社会ではなく、なぜか上司、社長、会社だけを見てしまっています。

そうではなく、もっと「社会」を見てください。

社会が何を求めているかを見てください。**「社会が何を求めているのか」がわかれば、あなたに怖いものはなくなり、真に自分の力で稼げる、自立した人になれる**のです。

「ニーズの裏のニーズ」さえわかっていれば、仕事の仕方の幅や選択肢が広がり、それは、生き方、人生の選択肢の広がりにつながります。

逆に、もし、周りの人々の「ニーズの裏のニーズ」がわからなければ、あなたは何を目的に仕事をしているのかがわからなくなり、生きづらくなってしまいます。

ぜひ、「ニーズの裏のニーズ」の捉え方を明日からの仕事に活かし、経営者や上司、お客様と堅固で長期的なパートナーシップを築いてください。

まとめ3-13

「ニーズの捉え方」で社会が求めるニーズを価値あるものに変換し、周囲に貢献することで、本当の意味で「自立した人間」として活躍できる。

第4章

キーエンスに学ぶ「ニーズの捉え方」

シン・マーケットイン型経営企業「キーエンス」

本章では、企業としてどう市場・顧客のニーズを捉えるべきかを、キーエンスにスポットを当てて、学んでいきたいと思います。

私がかつてコンサルティングエンジニア・販売促進技術職・海外販売促進技術職として在籍していたキーエンスは、営業利益50%超、平均社員給与が2000万円を超える驚異的な会社です。

2023年2月に提出されたキーエンスの決算書（2023年5月発表「2023年3月期第3四半期決算短信〔連結〕」）によると、売上高は9224億円、営業利益は4989億円です。

キーエンスの全世界の総従業員数は約1万人です。単体では、約２８００人です。総従業員数で営業利益を割ると、一人あたりの営業利益は４０００万円以上となります。

つまり、営業利益ベースで考えても、全世界の従業員がそれぞれ年間４０００万円以上を稼いでいるという状態です。

もちろんこれは、キーエンスの高額な給料を支払ったあとの数値です。平均年収２０００万円超と言われる給料を含めると、キーエンス単体の一人あたりが出している利益は１・６億円くらいになるのではないでしょうか。

社会に価値を提供すれば、会社はその見返りとして、社会からお金をもらう仕組みになっていると解説しました。

つまり、**キーエンスは社会に提供している「一人あたりの価値」が非常に高い企業**なのです。

キーエンスよりも大きな売上高の企業はたくさんあります。

ただ、従業員一人が1時間で生み出している価値の金額では、キーエンスは製造業においては圧倒的な状態です。

一人あたりが生み出す価値の大きさは、従業員の収入の高さにつながります。日本の労働市場における大きな問題として「給料が安い」ことが挙げられます。給料が安いのは、キーエンスとは対照的に、一人が1時間で生み出す価値、つまり叶えている顧客ニーズの量が少ないために起きている問題なのです。キーエンスの場合、一人の従業員が叶えているお客様のニーズの量が非常に多いと言えます。

より正確に表現すると、「**高い価値を持つニーズを叶えている**」と言えるでしょう。

まとめ4-1

生産性を圧倒的に向上させる秘訣は、従業員一人ひとりが叶える顧客のニーズの量を向上させること。

組織全体で「ニーズの裏のニーズ」を追う仕組み

第3章で、「ニーズの裏のニーズ」を捉える力を持っていれば、この先、どんな仕事に就いても、どんな状況に置かれても、あなたは「**絶対に食いっぱぐれることはない**」と述べました。そして、その「ニーズの裏のニーズ」を組織として追うことができれば、「**絶対に食いっぱぐれることのない」組織になれる**のです。

それぞれの従業員が、バラバラに「ニーズの裏のニーズ」を追うのではなく、「組織体」として追う仕組みを今からお伝えしていきます。

みなさんは、「営業」「販売促進」「商品企画」「開発」は別々の部署として認識されていると思いますが、それぞれのやり方で、お客様の「ニーズの裏のニーズ」を追い続けることができるのです。

図9　価値主義経営の構造

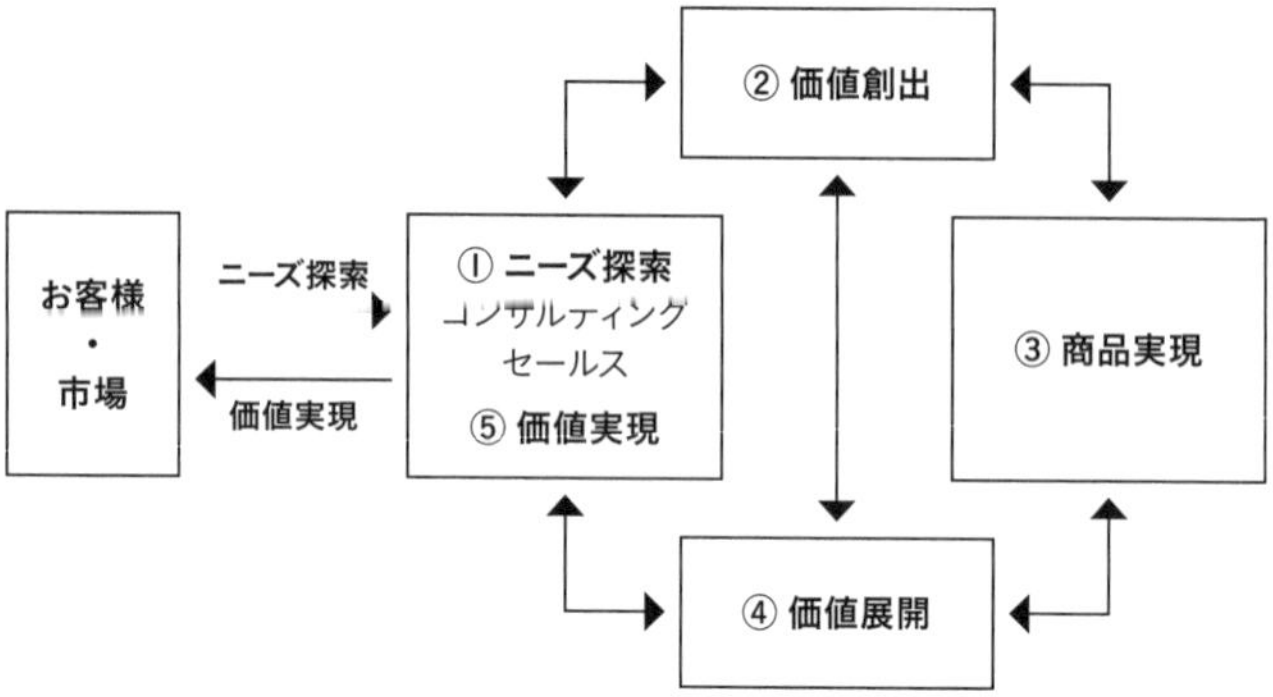

営業という組織は、お客様が欲している「ニーズの裏のニーズ」を一番近くで追うべき役割です。

ですから、「この会社はなぜ欲しているのか」というポイントを「虫の目」のように細かに見ることができます。

だからこそ、営業としては、新たな課題やお客様のニーズを、他の役割（販売促進、商品企画、開発）に一定周期（月に一度ほど）でフィードバックするべきなのです。

フィードバックの内容は、商品企画、販売促進、開発などの関係者が読み、次の商品や新しい市場へのアプローチの示唆を得ます。

営業が直接お客様の課題を聞いてニーズ

図10　「ニーズの裏のニーズ」の価値展開の構造

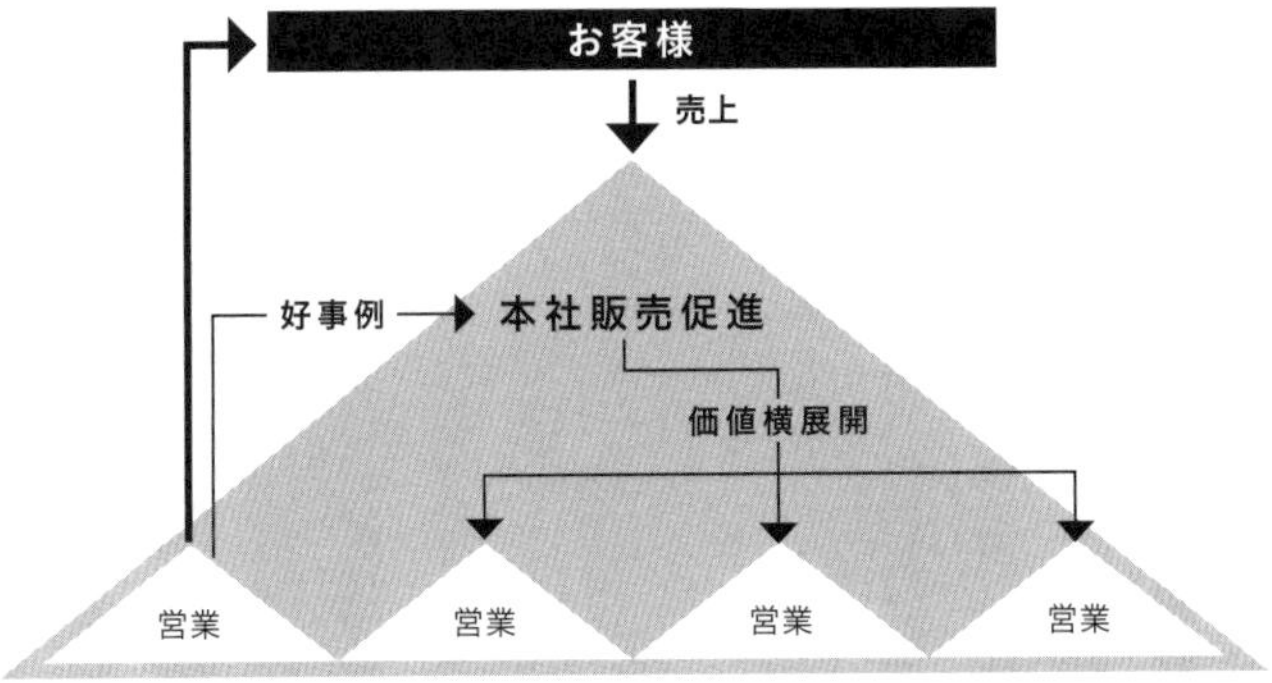

カードに書き、本部がそれを理解し、活用する商品企画の仕組みが大事だという考え方から、キーエンスでは創業のときから直販システムを構築していたのだと思います。

この仕組みによって、顧客の「ニーズの裏のニーズ」を本社に上げることが可能になります。

販売促進では、「マイクロマーケティング」と呼ぶのが適切なほど細かなマーケティングを実践することが求められます。

営業の成功事例、競合打破事例、競合に負けた事例、これまで取れなかったお客様を取ってきた事例、それらを「ニーズカード」や営業実績から吸い上げて、「なぜ売れているのか」「なぜ競合に負けたのか」を分析し、お客様が買っている理由を営業メンバーに横展開するのです。

そして、成功事例や競合打破事例が出てきたときには、営業へフィードバックするのはもちろんのこと、メールマガジンやダイレクトメールを通して、「私たちはこのような価値が提供できていますよ」とお客様にも伝達します。

つまり、「ニーズの裏のニーズ」の解決策を、お客様にも横展開するのです。

このように、社内・社外の両方に価値の横展開を進めることで、最も効率的で、効果的なマーケティングの最適化を担うのが、販売促進の機能の一つなのです。

商品企画では、ニーズカードから「ニーズの裏のニーズ」や、潜在ニーズのきっかけになりそうなものが見つかったら、プロダクトアウトレベルの価値提供仮説をもとにして、商品企画者自らがお客様にヒアリングに行くべきです。なぜなら新商品にリアリティを持ってヒアリングをできるのは商品企画者本人しかいないからです。

また、数多くいるお客様の中でも、とくに「業界の意見を決めるような人」にヒアリングすることはとくに重要です。

「このお客様が認めたとしたら、他の会社も買うだろう」と判断できる方のところに、新商品のコンセプトを持って、「それが本当に買いたいと思うか」を聞きに行くのです。

例えば、業界最先端の会社の生産技術者が認めたものであれば、その他の工場の生産技術者も同様に認める可能性が高いはずです（もちろん、そんなオピニオンリーダーが認めたからといって、必ずしも他社の技術者が認めるわけではありません。「中小企業では、そんな技術はないからできないよ」という場合などがその例です）。

商品企画だけでなく、開発もまた、「自分たちの開発力がどこに活かされるべきか」を知るために、市場の声を聞きに行く「営業同行」を行うことは重要です。

ただし、営業に同行して開発が売る、ということではありません。

営業に同行することで、市場のお客様の声を現場で体感するのです。

あくまで、自分たちの技術、つまり「シーズ」がお客様にとってどのように役立つのかを知るために同行するのです。

このような役割分担をすることで、「営業」「販売促進」「商品企画」「開発」、4つの役割すべてが、お客様の真のニーズである「ニーズの裏のニーズ」に向かうことができるのです。

「組織全体で、お客様のニーズの裏のニーズを捉え、理解し、叶えることが、市場原理を理解した企業としてあるべき姿である」ということを、キーエンスでの経験と、その他の会社の組織の仕組みを比べることで学びました。

まとめ4－2

キーエンスは従業員全員が「ニーズの裏のニーズ」を追求する組織体の構造になっており、その設計が抜群に秀逸である。

キーエンスの営業は、どのように「ニーズの裏のニーズ」を深掘りしていくのか？

「ニーズの裏のニーズ」を追うためには、「プロービング（曖昧、不完全な回答に対する深掘り）」、徹底的なヒアリングを行う必要があります。

どのようなヒアリングをするのかについて、一般企業の例で説明しましょう。

ある企業でタブレット端末を導入するときに、「起動が早い」「いつでもネットにつなげられる」というニーズがあったとします。

深掘りをするために、営業が次のような質問をしたとしましょう。

営業　「起動が早いというのは、どれくらいでしょうか？」

お客様　「ポチッと押したら、すぐに起動できるといいな。0・1秒くらいだね」

営業　「0・1秒でよろしいですか？」
お客様　「うん、いいよ」

ここで、質問が止まってしまいます。この営業はこれ以上深掘りができません。
他の質問も考えてみましょう。

営業　「いつでもネットにつなげられるというと、どれくらいの範囲での接続ができればいいですか？」
お客様　「ドコモの回線ぐらいかな」
営業　「他にはありますか」
お客様　「ドコモレベルだったら、他にはいらないね」

再び、深掘り質問が止まってしまいました。
どのようにすれば、ニーズを深掘りすることができるのでしょうか。
次のような質問の仕方で「ニーズの裏のニーズ」を深掘りしていけるのです。

営業　「起動が早くて、いつでもネットにつなげられることが必要なのはなぜでしょうか？　どのような成果を求められていますか？」

お客様　「うちのセールスって出張が多いんだよ。でもセールスってせっかちでしょう？　パッと開いてくれないと入力を後回しにしちゃうんだよ。でも情報共有と書類作成は速くしてほしくて、営業の効率を上げたいんだよね」

営業　「なるほど、セールスの情報共有と書類作成を速くされて、営業の効率を上げて、生産性を上げたいんですね」

お客様　「そうそう」

営業　「そうすると営業の生産性を押し下げていそうなことに、他に何か思い当たることはありますか？」

お客様　「ああ、情報共有にまだメールを使っているんだけど、本当はチャットのほうがいいと思っているんだ」

営業　「なるほど、ではグループワーク用のチャットを提案に入れておいたほうがいいですね。生産性を押し下げていそうなことは、他にはありますか？」

お客様　「うーん」

ここで、止まってはいけません。

さらにこちらからの仮説の価値を当てに行くのです。

営業　「例えば、すでにペーパーレス化は完了されていますか？　書類のやり取りがすべて電子化できると社内のコミュニケーション効率も大きく上がりますが」

お客様　「あーそれは、全然取り組めてなかった。確かにそれは生産性が上がりそうだね」

営業　「それでは、他社様の成功事例も含めて、ペーパーレス例も入れておきますね。さらにですが……」

このように、「生産性を上げたい」というニーズに終わりはありません。

BtoBにおける「ニーズの裏のニーズ」、つまり「生産性のアップ」「財務の改善」「CSRの向上」「コストダウン」「リスクの回避」「付加価値のアップ」の追求には終わりがありません。

生産性が上がったのなら、もっと上げたいと思います。

コストが下がったのであれば、さらに下げられないかと考えます。

リスクはできるだけ避けたいものです。

もちろん限界はありますが、**「ニーズの裏のニーズ」**は**「終わりのないニーズ」**です。

「ニーズの裏のニーズ」に基づく深掘りを営業で行えば、**「そこまで深く知っていて、聞いてくれるのはあなただけだ」**という構造ができあがります。

この構造により、「相見積もりされない状態」をつくることができます。

そのためには、「そこまで考えるとは思ってもいなかった」と相手に言わせるほどの深掘りが必要です。

相見積もりは、**「お客様が自分のニーズを叶えるための仕様書を持っている」**ときに初めて選択できる手段です。

解決方法がわかっていれば、見積もり金額に応じて、どこに頼むのかを判断し、最も安価に解決できる相手に仕様書を渡せばよいのです。

一方で、お客様のニーズを叶えられる仕様書を持っているのが、「**ヒアリングをした私たちだけ**」という構造ができあがれば、必然的に相見積もりはできなくなります。

そのためには、お客様が気づいている問題だけでなく「ニーズの裏のニーズ」を捉えるために、価値の仮説を立てて、さらに深くヒアリングしていく必要があるのです。

加えて、もう一つ重要なことがあります。

「ニーズの裏のニーズ」を深掘りすることによって、**今回の商品提供だけで解決しきれない（終わりがない）という仕組みを構築できるのです。**

例えば、キーエンスのセンサーによって製造工程の効率が上がり、生産性が向上したとしましょう。

すると、導入後にも「もっと生産性を上げたい」という話が出てくるはずです。

キーエンスの商品提供プロセスでは、さらに次の商品を提供し続けることを目指し、「生産性を上げるため」「財務を改善するため」「CSRを上げるため」「コストを改善するため」「リスクを改善するため」つまり、「付加価値」を向上させていくためのニーズを探し続けているという方向性があるように見えました。

この考え方で言えば、新商品を企画する際にも、価値の方向性の見極め方が非常に明確なのです。

新商品の企画時には、ＢtoＢであれば、先ほど示した６つのポイント、そしてＢtoＣの場合には、**生活者のよりよい生活**が追うべき方向になります。

そして、アップセル、クロスセル、中長期の契約だけでなく、「新商品の種」となる「ニーズの裏のニーズ」を追い続けます。

「○○をやってほしい」という単なるニーズ、すなわち機能的・特長的なニーズには終わりがあります。一方で、ＢtoＢの**６つの価値の方向**性、ＢtoＣの**生活者のよりよい生活**には終わりがありません。

つまり、**終わりのない価値提供の仕組み**へとつながっていくのです。

この方向性が、マーケットイン型での「潜在ニーズ」が見つかる起点になります。

キーエンスという会社は、ＢtoＢの世界で、それを常に追い続けているように感じます。

まとめ4-3

「ニーズの裏のニーズ」を探る過程で、「仕様書を持っているのが自分たちだけ（お客様は持っていない）」状態にすれば、相見積もりを取られることがなくなる。

また、「ニーズの裏のニーズ」に紐づく欲求には、個人も企業も「終わりがない」ので、ずっと価値提供を継続できる仕組みが構築できる。

「市場原理」を運営の起点にせよ

すべての組織を「ニーズの裏のニーズ」、つまり「市場の声」を起点にしていくことによって、常に顧客の心に刺さる商品提供が可能になります。

濃度の差はあれども、重要なのは「どの部署もニーズの裏のニーズを捉えようとする方向性を持つ」ということがとても大事なのです。

「**いかなる問題も、それが発生したのと同じ次元で解決することはできない**」というアインシュタインの言葉があります。

これは問題が発生したのと同じステージで考えたとしても、問題は解決しないか、一時的に解決したとしても、同じような問題がまた起こるということを示しています。

その最たる例が、営業と開発の争いなのです。

つまり、「この商品が売れないのは、売れない商品をつくった開発が悪い」「商品が売れないのは営業の営業力が低いせいだ」という問題です。

この問題は「営業」対「開発」という同じ次元では解決することはできません。

問題解決のためには、**営業や開発は何のためにあるのか？** という問いについて、抽象度を上げて考えてみる必要があるのです。

この問いの答えをお伝えしてしまうと、「**市場への価値提供のため**」という共通の目的に行き着きます。

「営業が営業をする」「開発が開発をする」という同じステージの概念でそれぞれの部署が交わるのでなく、もう一段上の「**市場の役に立つ・市場のニーズを叶える**」というステージに昇華しなければならないのです。

ニーズを叶えるために営業があり、ニーズを叶えるために開発があるのです。

これは、個々の部署だけではなく組織全体に同じことが言えます。

図11 「市場への価値提供のため」という共通の目的で各部署が交わる

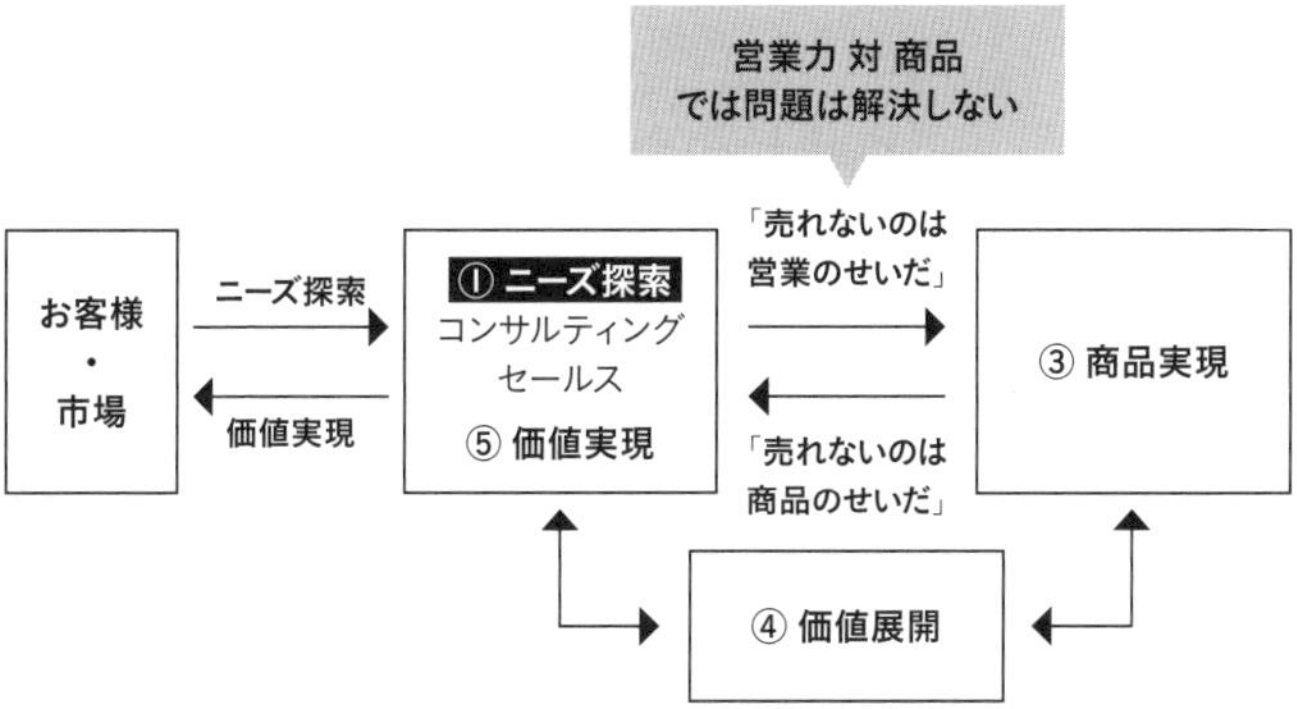

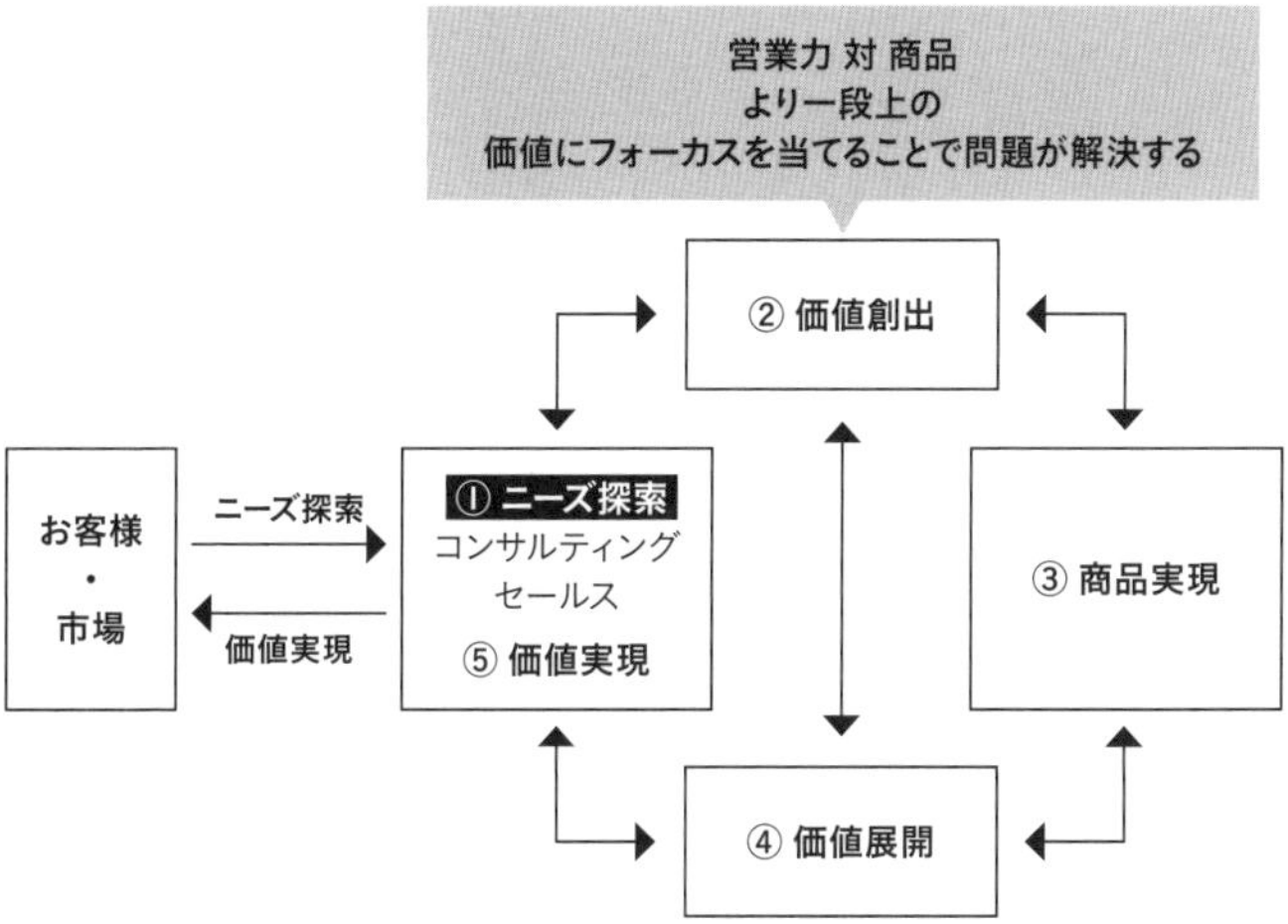

キーエンスでは、「市場のニーズを叶えるために組織がある」と考えているように見えました。

一方、多くの会社ではその逆になっていることが多いのです。

つまり「組織としてつくった商品を、市場にどう売るか」＝「組織が市場を変える」という考え方です。

もちろん、「組織が市場を変える」ということを実現した事例もあります。

たった一人の天才が生みだした一つの商品によって、世界を変えたという例です。iPhoneで世界を変えたAppleが好例です。

ただし、これらは圧倒的なイノベーションが生まれた稀有なものです。

基本的な最適化のレベルでうまくいくのは、マーケットイン型の考え方であり、市場のために「営業」「販売促進」「商品企画」「開発」がある、つまり「**市場のために組織がある**」という考え方が重要なのです。

ここまでの話をまとめると、**「市場原理に沿っている」ということを保ち続ける**ことが、再現性をもって高い成果をあげ続ける秘訣であるということが、私がキーエンスから学んだことです。

そして市場原理に経済原則、つまり「世を経《おさ》め、民を済《すく》う」という「経世済民」をベースとして、「営業」「販売促進」「商品企画」「開発」がどう振る舞うべきかが決まっているのです。

すると不思議なことに、組織図はきれいなひし型になります。

営業は、ニーズを「ニーズの裏のニーズ」レベルまで探索し、商品の提供による解決を目指します。

販売促進は、ニーズから生まれた商品を横展開できないかと考えます。

商品企画は、営業が向き合っていた範囲に加えて、自身でも顧客の潜在ニーズを探り、シーズや理想も意識します。

開発はシーズをメインとした向き合い方になります。

向き合い方はそれぞれですが、これらはすべて一つの図に収まっています。

つまり、経済原則に沿ったうえで、全体のシステムを支えるための役割を「営業」「販売促進」「商品企画」「開発」の全員で担っているのです。

私が在籍していたときも、そして現在でも、40年以上前からキーエンスの組織としての考え方は変わっていないと聞いています。

もちろん事業部は増えています。もともとは1、2事業部しかなかったのですが、現在では、9事業部まで増えているそうです。

しかし、9事業部とも同じように市場のニーズの方向を向いています。

つまり、変化はあれど、一つひとつの事業部、そして組織全体が「市場原理に対してこれが最適だ」という構造を40年以上も続けているのです。

それほどの期間で同じ構造を保ち続けられるということは、経済原則にぴったりと沿っていることの証明と言えるでしょう。

そしてまた、人事制度も市場原理と経済原則に沿って考えていく必要があります。

まとめになりますが、市場のニーズを叶えるということを源泉として、組織体を組み上げ、最適化し続けることこそが、卓越した成果をあげ続ける秘訣なのです。

まとめ4-4

「市場のために組織がある」という思想を組織に浸透させることを徹底する。

どこよりも深掘りし「潜在ニーズ×ニーズの裏のニーズ」を見つけよ

組織として「社会に付加価値を提供する」ためには、どのようにして「顕在ニーズ」や「潜在ニーズ」、それぞれの「ニーズの裏のニーズ」を見つければよいのでしょうか。

図を見ながら、ニーズを深掘りしていく流れや、部署ごとの動きを見ていきましょう（「はじめに」でも登場した「仕事のつくりかた」の図です）。

すべては経済原則、つまり「経世済民」から始まります。

マーケットイン型の企業であれば、B to Bの場合は「生産性のアップ」「財務の改善」「CSRの向上」「コストダウン」「リスクの回避」「付加価値のアップ」が、B to

図12「仕事のつくりかた」（新商品・新事業企画の構築の流れ）

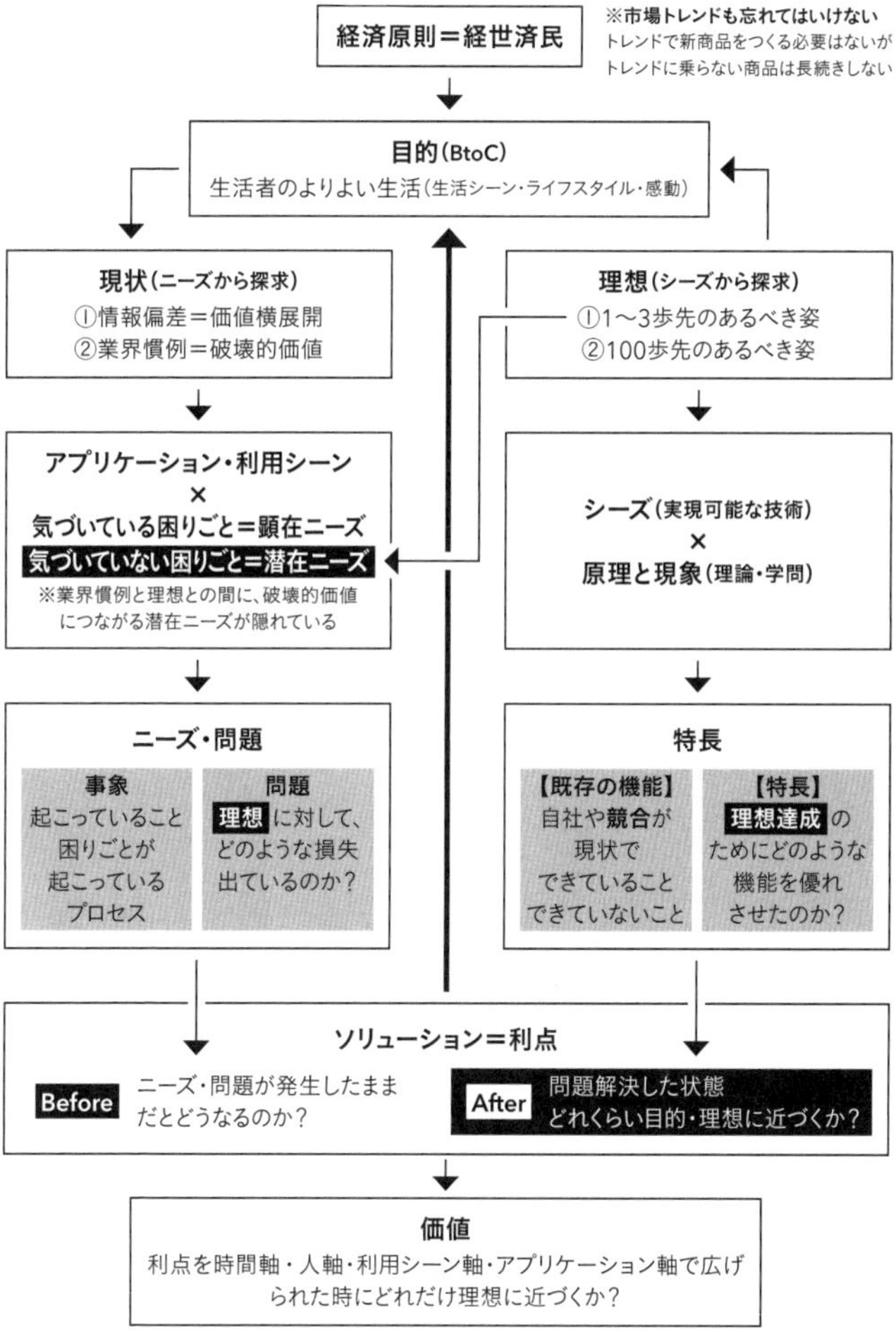
経済原則＝経世済民
※市場トレンドも忘れてはいけない
トレンドで新商品をつくる必要はないが
トレンドに乗らない商品は長続きしない
目的（BtoC）
生活者のよりよい生活（生活シーン・ライフスタイル・感動）
現状（ニーズから探求）
①情報偏差＝価値横展開
②業界慣例＝破壊的価値
理想（シーズから探求）
①1〜3歩先のあるべき姿
②100歩先のあるべき姿
アプリケーション・利用シーン
×
気づいている困りごと＝顕在ニーズ
気づいていない困りごと＝潜在ニーズ
※業界慣例と理想との間に、破壊的価値
につながる潜在ニーズが隠れている
シーズ（実現可能な技術）
×
原理と現象（理論・学問）
ニーズ・問題
事象
起こっていること
困りごとが
起こっている
プロセス
問題
理想に対して、
どのような損失
出ているのか？
特長
【既存の機能】
自社や競合が
現状で
できていること
できていないこと
【特長】
理想達成の
ためにどのような
機能を優れ
させたのか？
ソリューション＝利点
Before
ニーズ・問題が発生したまま
だとどうなるのか？
After
問題解決した状態
どれくらい目的・理想に近づくか？
価値
利点を時間軸・人軸・利用シーン軸・アプリケーション軸で広げ
られた時にどれだけ理想に近づくか？

Cでは、「生活者の生活のよりよい変化」が目的となります。

両方に共通することですが、ここには「ニーズベース」と「シーズベース」の2つの方向性があります。

「ニーズベース」の探究は、通常の会社では営業が行います。

ここでニーズをより詳しく言語化しておきましょう。

ニーズとは、お客様の日々の「利用シーンの中にある困りごと」です。

そしてその中で気づいている困りごとが、顕在ニーズ、気づいていない困りごとが潜在ニーズです。

困りごとを聞いていると、顕在ニーズにも「ニーズの裏のニーズ」があることがわかります。

顕在ニーズの「ニーズの裏のニーズ」は、「困りごとはあっても、運営はできているんですね。どうしてその問題に困っているんですか？」という質問で聞き出すことができます。例えば、お客様から次のような内容を聞いたとしましょう。

お客様「運営はできているけれど、月に1回は機械が止まってしまうんです。そうなると、工場が止まったままで1日消費してしまいます。工場が止まったとしても、従業員を帰すわけにいきませんから、人件費がかかります。そのうえ、機械を止めているので、その間の損失もあります。
うちの年商は100億円ですが、1日の生産による売上、およそ5000万円分の売上がなくなってしまうんです。それが月に1回ですから、年間だと6億円です。ですから、工場が止まってしまうと非常に困るんです」

これが、顕在ニーズの「ニーズの裏のニーズ」です。

そして、それを解決するためのソリューションが商品です。

では、自分たちの商品によって、この問題を解決できたとしましょう。

止まる回数が月に1回から、半年に1回になったとすると、損失は6億円から1億円に縮小します。

もし、ニーズが放置されたままであれば、どのような状態になるのか。
商品を使うことによってニーズが解決されたら、どれくらい理想に近づくのか。
それを時間軸・人軸を広げて考えてみます。
1年後、あるいは3年後の損失の大きさは（時間軸）？
工場にいる従業員が100人であれば損失はどれほど大きくなるのか（人軸）？
それらを踏まえて「どれだけ価値があるのか」という話に戻ります。
これが基本的なソリューションの考え方です。

続いて、「潜在ニーズ」について考えてみましょう。
お客様が気づいていない困りごとは「どんなことが困っていますか」と聞いても絶対に見つかりません。

では、どうすれば潜在ニーズを見つけることができるのでしょうか。
実は、潜在ニーズのきっかけとなる事柄が存在します。
それが「情報偏差」と「業界慣例」です。

業界慣例というのは、「顧客にこう言われたので、商品を提供できませんでした」という営業の報告を商品企画が聞いたときに問題となるようなものです。

「今の技術であれば解決できるのに、どうしてできないって言っているんですか」と営業担当に聞いたとしても「いや、できないって言われているんです」と返されてしまいます。

この場合、顧客のところへ話を聞きに行かなければならないのは、商品企画や開発といった技術（シーズ）を持った人たちです。

「今の技術であれば、こんなことができるようになっているのですが、なぜこの問題でお困りなのでしょうか」

お客様は、次のように答えるはずです。

「初めて知りました。そんなことができるようになっていたんですね」

これが、業界慣例が壊れる商品が生まれる瞬間です。

この場合、商品企画や開発は、「シーズ」をもとにして話を聞きに行っています。

実現可能な技術とその原理を理解しており、「シーズを使ってこんなことができる」ということが頭の中でイメージできている状態です。

それがお客様へのソリューションにつながるのです。

相手の理想がわかっていて、アイデアが浮かんでいるからこそ、「こんなことができるのですが、いかがでしょうか？」という問いかけができるのです。

この問いかけによって、相手の頭の中にその理想をつくり出します。

そうすることにより、**現状と理想とのギャップ**が生まれるのです。

通常、この理想像を顧客は持っていません。

気づいていない、もしくは知らないのです。

ですから、「こんなことができますよ」という問いかけで、顧客の頭の中に理想像をつくってあげることにより、理想への欲求が生まれます。

「そんなことができるんですね。ぜひ、お願いしたいです」

これが、潜在ニーズが引き出される瞬間です。

商品企画者が本社にいれば、販売促進とも、開発とも緊密な関係を持つことが可能です。

販売促進は営業のすべてのデータを、開発はでき得る限りの新しい技術情報を商品企画に提供します。

つまり、商品企画者の一つの頭の中に「営業データ情報」と「開発データ情報」、さらに「ニーズカードの情報」と、「自分が調べた情報」が収まっています。

そうして、頭の中で情報の組み合わせが起こり、仮説レベルの企画アイデアが日々たくさん生まれているのです。


そのような状態で、先ほどのように業界慣例で断られたという光景を見ると「今の技術ならできるはずだ。あそこの担当者は知らないのだろうか？」という疑問が生まれ、お客様に話を聞きに行くのです。

「この度は、ありがとうございます。実は、今回○○様にお教えさせていただきたく……」と言って、相手の気持ちがよくなるように営業的なお膳立てをしたうえで話を進めます。

「今回、このようなことを考えておりまして、営業にこういったことをお話しいただいたと伺ったのですが、そこに関して詳しくお聞かせいただければと思います。なぜそのように思われているのでしょうか。私どもの技術から言えば、こういったことも可能かなと思うのですが……」

このように、技術的にできることを当て込みながら話を進めていきます。

「そんなことができるようになったんですね。さすがです」

シーズによって実現可能な理想と、お客様の現状にギャップをつくって引き出す。

これが、潜在ニーズの引き出し方です。

潜在ニーズが引き出されたら、顕在ニーズと同様に「ニーズの裏のニーズ」を捉えます。

商品企画「解決できたとしたら、どのような損失軽減やコストダウンが生まれるでしょうか?」

お客様「これだけのコストが減少しますね。それに、工場の停止確率が下がれば、リスクが大幅に下がります」

商品企画「それは、御社が導入するに値するソリューションになりますでしょうか?」
お客様「もちろんです。ぜひお願いします!」

これが、潜在ニーズかつ「ニーズの裏のニーズ」を叶えられている状態、つまり、顧客が気づいていなかった**ソリューションにつながっている状態**です。

この状態をつくり上げることが、マーケットイン型企業の目的でもあり、商品企画者の責任なのです。

結局、潜在ニーズと「ニーズの裏のニーズ」の両方を見つけなければ、売れるソリューションにはつながらないのです。

潜在ニーズといえども、強い「ニーズの裏のニーズ」が見えていなければ、ソリューションの提供につながりません。

「そんなことができるんですね。ちょっと欲しい気もしますが、別にそんなにお金を払ってまで欲しいとは思いませんね」というのは、表層的な弱いニーズです。

これは潜在ニーズではありますが、「必ずしも必要ない」というものです。

これでは、ソリューションの提供までつながりません。

「ぜひ欲しいです。これだけ売上が上がりますからね」というような強さがなければなりません。

潜在ニーズであり、なおかつ「ニーズの裏のニーズ」が強いのであればソリューションにつながる可能性が高くなります。

BtoCの場合、「ニーズの裏のニーズ」の強さは**行動**に表れます。

BtoBでは、**行動とお金**に表れます。

ニーズの強いものには、人を使っていたり、お金の使用や損失が出ていたりするのです。

理想と現状とのギャップが生まれたとしても、それまでに人もお金も使っていないのであれば、弱いニーズだと言っても過言ではありません。

営業「この問題に対して、いくら使っていますか？」

お客様「年間で100万円ぐらいですかね」

これが、個人であれば大きなお金ですが、年商１００億円の会社だとすると、これくらいのインパクトでは、強いニーズとは言いにくいでしょう。
そして、もしそんな商品をつくったとしても、商品展開した際の市場へのインパクトは低いはずです。

営業　「この問題に対して、いくら使っていますか？」
お客様「年間でおよそ5億円です」

この場合には、多くのお金が使われているため、強いソリューションだという可能性が高まっています。
かかっている人的リソースからも判断できます。

営業　「この作業のためにどれほどの人を使っているのですか？」
お客様「10人ですね」

営業　「この作業をどれくらいの場所で行っているのですか？」
お客様「うちの会社では10か所くらいでしょうか」
営業　「それを10台のマシンで自動化できたとしたらいかがでしょう？」
お客様「ぜひお願いしたいです」

作業にかかる従業員が１００人いたら、年間では5億円ほどの人件費がかかる計算になりますから、たとえ1台数千万円～1億円だとしても買いたいと思うはずです。

「ニーズの裏のニーズ」が強いかどうかは、現状で「どれほどの損失が発生しているのか」「どれほどのコストが発生しているのか」「どれほどの人が使われているのか」を聞いてみることで、判断できます。

まとめ4-5

売れるソリューションの条件は、潜在ニーズかつ「ニーズの裏のニーズ」の両方を叶えている。「ニーズの裏のニーズ」の強さは、ＢtoＣの場合、行動に表れ、ＢtoＢでは行動とお金に表れる。

「アプリケーション」と「困りごと」からニーズを見つける

まずは「**アプリケーション**」という言葉の定義についてお話ししておきましょう。

「アプリケーション」と聞くと、スマートフォンに入っているアプリを想像される人が多いかと思います。

しかし、本書で言う「アプリケーション」という言葉は、「**利用シーン**」という意味に近いと思っていただければと思います。

そして、商品企画の成功率や新商品の展開スピードを決めるのが、この「アプリケーション」の解像度の高さです。

つまり商品を使っているシーンが鮮明にイメージできるかどうか。

「絵としてこれ」だと明確に規定されているのが、アプリケーションです。

例えば、「倉庫の現場です」といった曖昧な説明ではなく、「倉庫のピッキングの際に使用する二次元コードです」というレベルまでビジュアル化していくのがキーポイントになっていくのです。

そして、このアプリケーションが、ニーズを引き出すためのポイントなのです。


重要なのは「**価値は細部の構造に宿る**」ということです。

一般的に、人々は「総論」には賛成します。つまり、大まかな概略には同意したがります。

他方で、「各論」にはあまり同意しません。

例えば、「デジタルトランスフォーメーションはしたほうがいい」という総論には、別に反対しません。

しかし、実際に行おうとすると、さまざまな反対が起こるのです。

ですが、それは「各論に反対している」ということではなく、各論が突き詰められておらず「何が起こるかわからない」から、同意できないという状態なのです。

当然ですが、自分が理解できないことを人は嫌がります。

これは営業の場面でも同様です。

つまり、「商品の各論」であるアプリケーションが曖昧なままであると、お客様は賛同しない（買わない）のです。

新商品の成功確率を高めるためには、商品企画段階で各論まで話を詰める必要があります。

「この装置の、この部分の、ここにつけて、こうやって操作していただくと生産性が上がる」というところまで突き詰めているのです。

それとは反対に、売れない会社は各論が突き詰められていません。

営業　「このシステムを使ったら便利そうじゃないですか」
お客様「それ本当に使えるのですか？」
営業　「Googleさんの製品と接続すると、できると思うんですけど……」
お客様「それはどうやってやるのでしょうか？　操作は？　それを全社に流すと

き、どうやってやったらいいのでしょうか?」

営業「そこまでは考えてなかったですね……」

お客様「じゃあ使えないよね」

この会話で提案しているシステムは、実際にその商品を使うシーンまでのプロセス、つまりアプリケーションが明確にイメージされていません。

キーエンスでも取り扱っているセンサーを例にして、「各論を詰める」ということを具体的に考えてみましょう。

通常、工場ごとに一人の工場長が配置されています。

ただ、工場長の時間を使ってセンサーを取りつけてもらうのは大変です。

そのかわりに、工場長以外の担当者が行うのであれば、軍手をつけたまま設置したり、油まみれの手で設置したりするといった事態が想定されます。

「マニュアルを見てくださいね」と伝えておいたとしても、確実に見てもらえる保証はありません。

そのためマニュアルを見なくても、作業者が直感的に操作や設定が行えるような配慮が重要となります。家電商品でもマニュアルを見なくてもすぐ使えるような仕様です。

さらに、簡単な接続方法を用意しておくことが必要になってくるのです。

これがアプリケーション（利用シーン）を明確にしておくということです。

多くの企業では、**「実際に使う」までのユーザビリティが突き詰められていません。**アプリケーションが明確でないのです。

つまり、**「お客様の最後の利用シーンまで、ちゃんと考えていますか？」**という問いに、イエスと答えられるようにしておくことが重要なのです。

もちろん、私自身も仕事をしていて、「アプリケーションをそこまで考えていなかった」と思うことが数多くあります。

会社を経営していく中で、「いろいろな研修を企画してみたけど、細部まで事前に詰め切るのはやはり大変だな」と思うことが多々あります。

研修では、リアルタイム、かつ対面形式が最も効果が高いです。

議論は白熱し、成果も出やすくなります。

しかし、複数人がスケジュールを合わせて集まるというのは大変です。

地方からお呼びするゲストの宿泊費やコストなども含め、多大な調整の手間がかかります。

一方で、その手間を省いてオンラインにすると、研修の効果が弱まってしまいます。動画視聴だと、効果はさらに弱まってしまいます。

そういったことも踏まえて、研修のアプリケーションをさらに突き詰めていかなければいけないないと私自身も思っています。


「アプリケーションの追求」について、決して、みなさんに押しつけたいと思っているわけではありません。

企業として再現性をもって付加価値を向上させていくためには、アプリケーションの追求も含めて、「当たり前のことを当たり前にやる。それを実践し続けることが重要である」ということが、私がキーエンスで学び取り、伝えていることなのです。

もし、みなさんが、彼らのように付加価値再現性を高めていきたいのであれば、その当たり前の一つ、アプリケーションを極めましょう。

それができてから、次に「困りごと」を聞きます。

アプリケーション、つまり利用シーンを知っているからこそ、「何に困っているのか」という潜在ニーズの引き出しが可能になります。

営業「他社であれば、このセンサーは90万円から100万円ほどすると思います」
お客様「そうですね」
営業「正直なところ、精緻な数字を出しすぎていて、ここまでは必要ないのではないでしょうか？　そこまでスペックは高くないけれども、安価なものがあったとしたら、そちらはいかがでしょう？」
お客様「とてもいいと思います。正確さよりも見やすさのほうが欲しいんです。できればデジタルで表示されたほうがいいですね。この計測器はビットでしか測れなくて」

このように、**アプリケーション（利用シーン）を規定すると、困りごとを聞くポイントが非常に明確になります。**

これは、技術営業以外でも同様です。

「営業活動で何に困っていますか？」

この質問は非常にあいまいです。

「営業の方々の自己紹介のプレゼンテーションは、どのようにされていますか」

このような質問であれば、アプリケーションが明確になります。

「営業の方々の自己紹介のプレゼンテーションで、とくに新規のお客様に対してはどのようにされていますか」

シーンをさらに細かく規定していくと、困りごとがどんどん見えやすくなります。

「営業のシーンで困っていることはありますか」

このように聞くと、広い話の中の困りごとを探してしまうため、

「そうですね。数字が出ていないことですかね」

「それは大変ですね」

というように、何も聞き出せないまま、話が終わってしまいます。

そうではなく、アプリケーションを細かく規定し、困りごとを探していく。

その中に、自社のソリューションを交えていきましょう。

困りごとの「**どこに役立つか**」を見つけるようにすると、**私たちが主導して、お客様のアプリケーションからニーズを見つけられるようになります。**

まとめ4-6

人には、「総論」には賛成するが、「各論」が曖昧なままでは賛成できない性質があるため、企画段階で「商品の各論」つまり、利用シーン（アプリケーション）まで考え抜く必要がある。

キーエンスと他社との違いは、「ニーズの捉え方の深さ」にあり

ずばり、**ニーズの探求を「どの深さまでやっているのか」が、キーエンスと他社とではまったく違いました。**

この深さに関しては、「解像度」と「シーズ」がキーワードになります。

まずは、「解像度」についてお話ししましょう。

キーエンスのように、解像度高くニーズを捉え、顧客に突き刺さる付加価値提案をするためには、「ニーズの裏のニーズ」を**現場レベル**で調べることが重要です。

現場のアプリケーションを見極めるために工場を訪れ、お客様と同じ利用シーンを見たうえで困りごとを明らかにしていくのです。

なぜなら、真にお客様の心を動かす提案をするためには、前提として「商品（センサーなど）を売るのではなくて、ソリューションを売る。その解決方法として商品が売れる」ということを意識するべきだからです。

そのため、お客様の現場のアプリケーションを知ること、お客様の困りごと、問題点、課題を聞き出すことを、常に追うことが重要なのです。

例えば、キーエンスが扱っているセンサーという商品では、光学機器であるため、光の干渉の影響をよく受けます。

工場の中には太陽光や、さまざまな他の光学機器の光が入ってくるため、レーザーの光に干渉してしまうのです。

センサーは、射出されたレーザーの反射角度や方向で、反応を見極めています。

そこに太陽光や他の光が入ってくると、その影響を受けて、思ったように動いてくれないことがあるのです。

「センサーの誤作動で機械が停止しました」と言われた場合、原因は光の干渉なのか、機械の故障なのか、製品の流れが悪かったのか、製品の素材が悪かったのか、といったさまざまな仮説が立てられます。

そしてその仮説を、実際に現場を訪れて、誤作動が起きた原因と理由を解明していくのです。

原因がわかれば、再発しないように対策を取ります。

お客様の使用用途が原因であれば指導をする。よく起こる問題であればQ＆Aに入れておく。光の干渉であれば、干渉しない環境での使用やその環境の整備方法の説明、さらには干渉防止機能が欲しいというような新機能へのニーズをフィードバックするという対策を取ることになるかもしれません。

これらは、現場から遠いコールセンターのような対応ではわかりません。

現場での調査を徹底するなど、お客様の現場で使われているシーンを「高解像度」で見続けることが必要なのです。

続いて「シーズ」についてです。

技術のない人が現場でアプリケーションを見ても、潜在ニーズは捉えられません。

本書でも紹介していますが、潜在ニーズは、シーズから生まれる理想のアプリケーションとの比較から起こるからです。

だからこそ、潜在ニーズを見つけるためには、アプリケーションの追求に役立つシーズを鍛え続ける必要があるのです。

例えば、キーエンスのように工場の現場に対する潜在ニーズを捉えるためであれば、光学や力学、熱力学、部署によってはトレーサビリティの技術やシステムの技術など、お客様のビジネスの現場に関連する知識を学ぶ必要があるのです。

この考え方を応用すれば、人事系の会社であれば心理学や脳科学、行動心理学などを学ぶとよいでしょう。

私の会社がクライアントに提供している研修も、心理学を徹底的に学んでいるからこそ可能になっています。

つまり、**アプリケーションに沿ったシーズが存在します**。

工場であれば、光学や力学、熱力学、機械工学。

食品加工会社であれば、食品加工の知識、栄養学だけでなく、顧客企業であるスーパーマーケットの考えるマーチャンダイジングの知識などです。
そういったシーズを常日頃から勉強しておく姿勢が求められます。
それらを知らなければ、「ニーズの捉え方」はなかなか深まらないからです。

ここまでの説明をわかりやすく表現すると、「**成功事例に詳しい**」と言い換えてもよいでしょう。

つまり、潜在ニーズを見つけられる人というのは、アプリケーションに沿ったシーズを詳しく知っており、そしてシーズの活用により、どのような顧客の成功が生まれるかを知っている。そこに長けているのです。

さらに、トレンドを読む力を鍛えることも重要です。
トレンドからもニーズが出てくるのです。
例えば、「5Gの時代がやってくる」というトレンドに着目してみましょう。
5Gが普及すれば、従来以上の高速通信が可能になります。
ただ、5Gの電波は周波数が高いため、建物や障害物に弱く、直進性が強く減衰しやすいという特性を持っています。

そのため、必要な基地局の数が非常に多くなってしまいます。

そういった課題があるものの、5Gから受ける恩恵は非常に大きいのです。

5Gのネットワークがなければ、自動運転が成立しません。

社会効率的に考えたうえで、世界のトレンドとして「自動運転をやりたい」という大きな流れがあります。


「5Gの時代がやってくる」のであれば、基地局の建設と5Gの受信機の生産需要が高まります。

「どこの素材が使われるのか」「どこの半導体が使われるのか」と考えると、「新たに装置がつくられて投資が生まれるはずだ」と予測できるはずです。

トレンドを捉えたら、それをもとに仮説を立てます。

「この業界で、5Gに関するプロジェクトが生まれているはずだ。だとすると、この装置が必要になって、ここに生産性が求められるはずだ。ここに困りごとがあるはずだ」と、このような仮説が立てば実際にお客様のところへ聞きに行くのです。

キーエンスは、どこよりも早く、どこよりも深く、どこよりも詳しくニーズを捉えているように思います。

早い・深い・詳しい「ニーズの捉え方」こそが、キーエンスの大きな特徴だと思います。

ただし、この「早い・深い・詳しい」にも終わりはありません。

突き詰め続けなければいけない一流への道なのです。

一流への道を目指すタイミングには、早いも遅いもありません。

キーエンスがこれから止まってくれるのであれば、私たちは、今からでも追いつけるはずです。

なぜなら、知識レベルの先行者というのはすぐに追いつかれてしまうからです。

Googleのような企業を別にすれば、たとえ競争相手が業界の先行者であっても、絶対に追いつけないほどの差があるわけではありません。

ただし、追いつくためには、自走し続けられる組織の構造や、経営者および従業員が学び続ける仕組みが不可欠です。

さらに、市場での優位性を保つためには、競合他社が「どういった動きをしているのか」「どんなニーズを叶えているのか」にも目を注ぐ必要があります。

ただし、まねをするために競合を見るわけではありません。

競合他者が叶えているニーズ、市場における立ち位置を見たうえで、「叶えてないところはどこか」「勝てるところはどこか」を見るのです。

競合のまねはあくまでも二番煎じに過ぎません。「私たちも同じことをやりました」と商品を提供しようとしても、通常は売れるはずがありません。

競合がやっていること以上に役立つこと、あるいは競合がやっていなくて役立つことでなければ売れないはずです。

しかし不思議なことに、多くの企業が二番煎じをしようとします。

もし、二番煎じをするのであれば、「一番手がどんなニーズを叶えたのか」「まだ叶えられてないニーズは何か」というところを真剣に分析・評価したうえで、挑戦しなければなりません（ただし、二番煎じであっても、圧倒的に安く生産できるのであれば、それは市場の確保につながる可能性があります）。

まとめましょう。

価値の方向にアプリケーションを深めていく、価値の方向にシーズを高めていく、価値の方向に対してトレンドも読んでいく、そして、価値の方向で競合も調べていく。

しかも、これらの取り組みを組織として一気通貫で実践しているというのが、キーエンスの素晴らしいところです。

まとめ4-7

「ニーズの捉え方」の深さは「解像度」と「シーズ」がキーワード。

第5章

「再現性の司令塔」商品企画の考え方

キーエンスの成功は「再現性のある商品企画」によって支えられている

会社というものは、「どんな商品（サービス）であれば、お客様は買いたいと思うのだろうか」ということを企画することから始まります。

商品企画の巧拙で、会社の命運が変わると言っても過言ではないでしょう。言ってみれば、商品企画者は組織における「再現性の司令塔」なのです。

キーエンスの成功は「再現性のある商品企画」によって支えられていると言っても過言ではないと、私は思っています。

キーエンスでは、「**商品を通じて世の中のありようを変える**」という考えが重要視されていました。

私自身、キーエンスを入社志望したときも、この言葉に感銘を受けて憧れを持ったのを鮮明に覚えています。

私たちの社会・暮らしは、商品によって大きく変化してきました。
自動車、家電製品、パソコン、スマートフォンをはじめ、今、身の回りにある数々の商品が存在しなければ、私たちが暮らす社会はまったく違ったものになっていたでしょう。

「商品が私たちの生活を、よりよいものに変えていく」とすれば、よりよい新しい商品をつくり上げることこそが、高い付加価値をつくることにつながります。
これは同社の考え方の基軸となっており、**「商品こそ本命策である」**と考えられていました。

そう考えると、**「商品自体が最強の営業パーソン」**とも言えます。
営業担当者が電話やメール、面談などで見込顧客やお客様と接触できる時間は限られています。

しかし、商品はお客様先でずっと役に立ち続けることができますし、お試しとして使える商品（デモ機）があれば、お客様は自分たちが得られる価値を実際に体験できます。

お客様は「言葉で説明されるだけでなく、実際に商品を確認したい、見せてほしい、試してみたい」とひそかに思っています。

お客様は常に、「商品の機能や特長だけでなく、私たちにとっての利点を説明してほしい。そのあとは実際に商品を見せてほしい。最後に、体験させてほしい」と望んでいるのです。

営業でお客様と会うときは、**「言う（言葉で説明する）」「見せる」「体験させる」の3つが重要**なのです。

高付加価値を持つ新商品をつくるには、商品企画や開発の部署だけでなく、営業も含め、全社一丸となって取り組める仕組みをつくらなければなりません。

営業担当者は、「私たちの仕事は商品を売ることであり、商品企画・開発は私たちには関係のない仕事だ」と思わず、また企画・開発担当者も「これは営業的な話だ」と考えず、会社全体としてお客様への役に立つ商品の企画の一端を担っていることを意識して、仕事に取り組むことが大切です。

その結果として、高付加価値商品をお客様に提供でき、会社としての価値が高まり、売上・利益が増え、最終的に自分たちの給料にも反映されるのだ、と考えるべきです。

優れた商品によってお客様の成功を実現（価値実現）できたとすれば、会社としても利益率が大きくアップし、その利益を社員の給与として還元しようと思うでしょう。

しかし、個人的な営業力や流行などによって一時的に売上・利益が増えても、会社はそれを給与として社員に還元するのは躊躇《ちゅうちょ》します。

なぜなら、それは継続的なものではない、すなわち、再現性の高いものではないからです。

「この商品によって継続的に利益が出る」「高付加価値を持った商品を、高い再現性をもってつくり、提供し続けることができる」という確信があるからこそ、会社は利益を給与や賞与として社員に分配できるのです。

大切なのは、**付加価値の再現性の主軸を成す「商品企画」のために、全社員一人ひとりが、「自分はどのように貢献すべきか」**と考えることです。

そしてキーエンスという会社が秀逸なのは、その「貢献の仕組み」ができあがっており、日々、特別な意識をすることなく、新商品の企画に貢献できる仕組みになっていることだと思います。

まとめ5-1

お客様先でずっと役立ち続ける商品は「最強の営業パーソン」である。営業でお客様と会う際は、「言う（言葉で説明する）」「見せる」「体験させる」の3つがポイントとなる。

「価値を見つけ、決める仕事」を担う商品企画は企業活動の中心軸

「商品を通じて世の中のありようを変える」ため、また会社の利益を向上させるためには、高付加価値商品を、再現性をもってつくらなければなりません。

そのためには、商品の企画に専念する部署＝「商品企画部」の存在が欠かせません。

しかし、営業部や開発部はあるのに、なぜか「商品企画部」が存在しない会社が数多くあります。

「営業」は、現場の最前線でお客様のニーズを捉え、自社商品をお客様に買っていただく仕事です。

「開発」は、商品を技術的に成立させ、実際に商品をつくり上げる仕事です。

一方、「商品企画」は、商品によって、誰のどのような問題を解決し、どんなメリットを届け、どんな価値をお客様に提供できるのかを考える仕事です。

つまり、**商品企画とは「何が価値になるのかを見つける仕事（＝価値を決める仕事）」**なのです。

会社の要をなす部署が、不思議なことに多くの会社には存在しないのです。

かつて、多くの日本企業では、経営者が自ら商品企画をしていました。

今でもベンチャーやスタートアップ企業などでは、経営者自ら商品企画をしているケースが多いでしょう。

しかし、経営者たちが年齢を重ねたり、あるいは組織が大きくなったりして、さまざまな事業や役割を分割しなければならなくなったとき、彼らは「商品企画」という役割から退きます。

すると、商品企画のスピードと質が一気に落ちてしまいます。

そうした会社では、商品企画の重要性や役割をきちんと定義しておらず、商品企画専門の部署も置いていないことがよくあるのです。

これには、こうなってしまう避けがたい要因があるのです。

経営者、創業者にとっては、お客様の困りごとを聞き、社内の開発の人に、自社にできる最大限のシーズを聞き、お客様に提案し、また要望を聞き、社内に聞き……ということを何度も繰り返すのが当たり前だったのですから。

自分が当たり前にやっていたことは、そこに重要な役割があったということに気づけません。

そのため、商品企画（＝価値づくり）の部署を置かなければならないことに気づかずに、自分はその役割から離れてしまうのです。

商品企画者は、顧客や市場のニーズと、シーズ（自分たちが提供したいもの・ことの理想形）の両面を常に捉えていなければなりません。

そのうえで、「誰の、どんな問題を、どう解決するのか」「何が価値となるのか」をすべて定義していく、いわば万能のスーパーマンのような存在です。

そのような大役を、兼任や片手間で務めさせている会社が多いのですが、企業活動の中心軸となる仕事を片手間でやっていいはずがありません。

日本企業において商品企画の存在感が薄い理由は、主に組織構造にあります。

キーエンスだけでなく、国内外を問わず大きな利益が出ている会社には、必ず商品企画ができる経営者がいるか、有能な商品企画者たちによって構成される専門の部署があります。

そして必ず、彼らが策定する商品企画の「戦略」があるのです。

ところが、利益が出ていない会社は商品企画による戦略がなく、ひたすら「戦術」頼みで、「営業や開発の人たちの活躍によって、大きく売上が伸びた！」という、偶然のチャンスを当てにしています。

それでは継続的に安定した利益が出るはずがありません。

商品企画が機能していない、商品企画のスピードが遅い、継続的に価値を生み出せず成果も出せない、それらの根本原因は、「**商品企画という部署・人が存在しない**」**という組織構造**にあります。

みなさんの会社には、商品企画に専念する人、ひたすら商品企画に取り組む部署があるでしょうか？

もしなければ、それは組織にとって致命的な欠陥と言えます。
この点を、一度しっかりと見直してみてください。

まとめ5-2

商品企画は企業活動の中心軸となる仕事。商品企画の専門部署、専任者が組織内で存在しなければ、組織構造の見直しが必須である。

「プロダクトアウトの先にあるマーケットイン」とは何か？

ここからは、再現性をもって成果をあげ続ける商品企画の特徴について、具体的に解説していきます。

商品企画と聞くと、その手法は「プロダクトアウト」か「マーケットイン」に分かれる、と考えるのではないでしょうか。

プロダクトアウトは、自社の強みや技術を活かした商品・サービスを企画・開発する手法であり、マーケットインは、顧客のニーズに合わせた商品・サービスを企画・開発する手法です。

2つは明らかに異なる手法ですが、この2つの手法を融合させることにより、「高付加価値かつ規模拡大が可能な商品企画」が可能になるのです。

これは私の表現になるのですが、この手法こそ「**プロダクトアウトの先にあるマーケットイン**」になるのです。

一見矛盾するような発想のように感じるかもしれませんが、実はこれこそが、私が思うキーエンスを成功に導いている手法であり、私がキーエンスを「シン・マーケットイン型企業」と呼んでいる理由はこの点にあるのです。

「プロダクトアウトの先にあるマーケットイン」とはどういうことか、詳しく説明しましょう。

新商品を再現性をもって成功に導き、成果をあげ続けるプロセスにおいては、まず事業戦略・自社の強み・新規事業の規模などを分析し、さらにミクロの視点で見た細かい自社分析や市場のトレンド調査・分析を行う必要があります。

そのうえでさまざまなアイデアを練って、商品化のテーマを決めていきます。

そこからもう少し進んで、新企画についてお客様にヒアリング調査をするなど、より詳細にニーズを突き詰めます。

ここまでの段階で、シーズもニーズも分析していて、さらに市場トレンドまで調査・分析しているので、「プロダクトアウトだけでなく、マーケットインの要素も十分に取り入れているのでは？」と思うかもしれません。

しかし、ここまでだと、まだ一般的なプロダクトアウトの域を出ていません。「プロダクトアウトの先にあるマーケットイン」というのは、そこからさらに先に進んだものです。

多くの会社でも、商品企画の段階で潜在顧客、見込顧客を対象にしたアンケート調査などを行います。

しかし、それだけでは、自分たちが企画・開発しようとしている商品に本当に価値があるかどうかの判断はできません。

とくに法人顧客向け商品・サービスの場合、その判断はより難しくなります。

一般消費者向けのBtoC商品・サービスであれば、アンケート調査やインタビュー調査などでエンドユーザーの声をダイレクトに拾えます。

ところがBtoBビジネスの場合は、目の前の顧客の向こうに、さらに「顧客の顧客」がおり、またその先にエンドユーザーがいるといったケースが多く、そう簡単に「何が本当の価値となるのか」が把握できないのです。

それでは、商品企画の段階において、見込顧客やお客様に対してどのようなアプローチをすべきでしょうか？

やるべきことは一つです。

それは、**懸案事項があれば、お客様の意見やアプリケーションの確認のために、アイデアや仮説を持ってすぐに訪問し、ヒアリングを行うことです。**

アイデアと仮説を携えてお客様のもとへ行き、「この商品が本当に欲しいですか？」「こんな商品をつくったら、買っていただけますか？」とより詳細な解像度にするためにヒアリングに行くのです。

つまり、「これは売れるのではないか？」と思う企画を、まずはプロダクトアウトの発想で考えて商品イメージを固めます。

次に、「どんな場所で、どんな用途で、どんなコンセプトで、どんな問題解決をする商品なのか」について、アイデア・仮説をまとめ上げて、お客様に問います。

その段階でお客様に、「これは素晴らしい商品ですね」と納得してもらえれば、企画・開発を進めますが、お客様があまり興味をそそられなければ、その企画は改善するか、見送られます。

まったく理解してもらえないのであれば、そもそものコンセプトが間違っていることになるので、最初からやり直しです。

お客様に確実に価値を提供するためには、企画の段階で「つくったら本当に買ってもらえるかどうか」を確定させなければなりません。

これらのことが、キーエンスの商品企画の段階で行われているように見えました。

もちろん、ヒアリングの仕方や詳細な聞き方は同社の商品企画の秘伝があり、さらに精度は高くなっていると思いますが、この解像度で商品企画をしている会社は少ないと思います。

ここまでお話ししたことが、「プロダクトアウトの先にあるマーケットイン」という考え方・手法です。

つまり、「**プロダクトアウト発想で企画したものを、マーケットインの発想を持って実際にお客様に説明し、ヒアリングし、ニーズを確実に捉えにいく**」という意味なのです。

まとめ5-3

プロダクトアウトの発想で考えた企画を、マーケットインによるお客様への説明、ヒアリングなどでニーズを確実に捉える。

「商品企画の成功」を実現するプロセス

ここからは、「プロダクトアウトの先にあるマーケットイン」における商品企画の仕組みと、開発・販売までの基本的なプロセスを解説していきます。

まず「市場分析」や「お客様のニーズの収集・分析」を行います。次に、新商品の「ネタやアイデア」を考えます。その中から「よし、この企画を本格的に進めよう」と、テーマを絞り込んでいくのです。

商品化までのプロセスの中で、とくに重要なのが商品化までの本格調査を開始するかどうかの判断までの段階です。

いったん本格調査を開始し次のステップに進むと、多くのお金と時間、人的リソースがかかるからです。

したがって、商品企画の成功確率を高めるためには、本格調査を開始する前にお客様のところへ行って、「こんなことにお困りではないですか？」「その問題を解決してくれる、こんな商品があったら買いますか？」と徹底的にヒアリングします。

お客様の課題・問題を明確にするためには、現場で起きている実際の困りごとを「言葉」だけでなく「絵」にして、お客様に想起させることが大切です。

ここで活躍するのが、前述していた「アプリケーション」をビジュアル化した「アプリケーション図」です。

商品企画の成功確率を高めるためには、開発に取りかかる前に、検証・確認作業を徹底的に行う必要があります。

さらに、そのアイデアが本当に商品化できるかどうかを開発部に研究・調査してもらう必要があります。

「本当にこの商品は売れそうだ」「この企画になら本当に時間とお金、人的リソースを費やしてもいい」という判断なしに、本格的な開発を進めてはいけません。これらの確証がない状態で進めた場合、多くの場合が見切り発車になってしまうからです。

そうした検証・確認を経て、開発を開始する判断が下りたら、いよいよ本格的に「開発」に進めましょう。

そして実際に商品が開発され、最後に販売関係者や生産関係者も加わった確認会を開き、もう一度「この商品を販売して本当に大丈夫か」という最終確認があり、ようやく「新商品リリース」となります。

ちなみにキーエンスの商品企画は、年間に本当にたくさんの新商品のネタやアイデアを考えていると思います。

そのうちのわずか数個の本格調査がなされ、最終的に開発、発売されていくのです。

そして、まだ油断してはいけません。新商品を販売する最後の最後の段階、つまり営業を実際に動かす直前ギリギリの時点まで、テストマーケティングを繰り返す必要があります。

そして、「この商品は絶対に売れるぞ」という確信が得られてから、やっと営業を動かすのです。

「この新商品は絶対に売れる」という最終的な確信が得られるまでに、営業を動かすことは、大きな見えないリスクをはらんでいるからです。

新商品が売れない場合、「開発・生産費用面の損失」が発生します。

ですが、損失はそれだけでは済みません。

営業部隊が新商品の販売に費やした時間を、もし既存商品の販売に使っていたら、当然、既存商品の売上・利益が上がっていたことになります。

例えば、100人の営業全員が「1ヵ月の3分の1の時間を新商品の販売活動に使った」とします。

もし、その新商品が売れなかったとしたら、どうなるでしょうか?

100人の営業が、もし月に一人500万円の売上を立てていたら、営業全員で月5億円売る計算になります。

5億円の3分の1ですから、月1・6億円以上の損失が出るのです。

通常、この損失は一般的な企業では計算していません。

このように、「商品企画の成功」の確率を高めるためには、随所に「前に進めてもよいかの判断」のセーフティネットを設けて、「いかに大きな損失を回避するか」を重視した商品企画・開発の仕組みを構築する必要があります。

このような綿密な仕組みを実践していると思われるキーエンスでは、私がお聞きした方の統計にはなりますが、発売された商品があまり売れずに廃番になったということはほぼ聞きません。

企画、開発、営業、すべてのプロセスが最適化され、失敗する確率を徹底的に下げる仕組みになっているからこそ、可能になっているのだと思います。

ただし、ここまでのお話からおわかりかと思いますが、キーエンスといえども、新商品の企画ネタの数から考えたら、商品企画の成功は本当にたくさんのネタの中から、数個あるかどうかです。

決して高いわけではないのです。

しかし、ここまででお伝えしたいくつものフィルターをかけることで、リリース後の成功確率を極限まで引き上げることができるのです。

まとめ5-4

商品のリリースまで幾重もの判断のプロセスを設定することで、失敗の確率を極限まで下げることができる。商品化検討の際は、「営業を動かしてもいいのか」というところまで含めて判断を下す。

企画ストップの判断は早めに。ただしベンチャーなら「つくりながら軌道修正」もあり

ここまで解説した流れが、私がキーエンスから学んだ新商品企画～開発、そして販売までの基本的なプロセスで、多くの企業が使えるような基礎的な考え方です。

多くの会社は、事前調査やテーマ絞り込みなど、かなり早い段階で、「よし、早速このコンセプトで開発して販売しよう」と決めてしまいます。

キーエンスのような本格調査前の判断、開発前の判断というステップを踏んでいないのです。

もちろん、どれだけ事前調査をしていたとしても、調査中の段階でボツになる企画はあります。

多くの場合、調査後にボツになったとすれば、人件費を含めると、それまでに数千万円ほどの投資が行われているでしょう。しかし、そこでボツになったところで「数千万円の損失で済んでよかった」と考えられるのです。

なぜなら、調査が完了し、いざ、開発という段階まで進むと、調査段階の数倍、大きければ、数億～数十億円規模の投資が行われることも少なくないでしょう。もし、そのまま開発が進み、販売したものの商品が売れず、多大な投資を回収できなかったとなれば目も当てられなくなるからです。

再現性をもって成功を収めるために大切なのは、**商品の企画段階から商品化、そして販売まで、しっかりとしたプロセスを構築し、そのプロセスに則った経営を全社一丸となって徹底すること**です。

最初はアイデアレベルであったものを実際に商品化するとなると、投資額がどんどん増えていきます。

初期段階では、商品企画者や経営者だけで進めていたことが、途中から他部署の人たちを巻き込み、投資額が増え、最後は営業まで巻き込み、といった具合に投資する経営資源が雪だるま式に大きくなっていくのです。

したがって、**いかに早い段階で、案件を進めるのかストップするのかの判断をするかが重要**になってきます。

大量の人とお金を動かしたあとでは、軌道修正や撤退の判断が難しくなります。

とはいえ、その判断のタイミングは会社の規模や成長ステージによって異なります。

ベンチャー企業に関しては、必ずしも早い段階で判断する必要はありません。

なぜなら、ベンチャーであれば、新商品・サービス開発のための初期投資費用が少なくて済む場合も多いからです。ときには社長や商品企画者本人の時間投資だけという場合もあるでしょう。

ですから、**「新商品・サービスをつくりながら、軌道修正していく」という方法も一つの選択肢**です。

とくに、ＡＩ活用がビジネスに導入されつつある現代では、新しいモノやサービスをつくりながら、臨機応変に方針を切り替えていくことが、非常に安価かつ迅速にできるようになりました。

従来のビジネスモデルのように、「一度、開発してしまったら、ある一定量はそれをつくり続けなければならない」という投資計画でなければ、まずは商品をつくって、それをお客様に見せながらヒアリングしつつ改良を重ねていく、という方法もありでしょう。

ただし、歴史の長いモノづくり企業であっても、ベンチャー企業であっても、ヒアリングに関しては決して妥協してはいけません。

「これをつくったら買ってくれますか？」「買ったらどのように使いますか？」「買ったあとにどう役立ちますか？」の３つの質問で、細部まで徹底的にヒアリングしてください。

さらに、それを**お客様自身の言葉で語ってもらうことが大切**です。

「これをここに設置して、このように機能したら、自社のここがこのように改善します」というお客様の言葉を聞きながら、裏側にある真のニーズをしっかりと商品企画段階で把握しておきましょう。

私も企業から商品の企画や販売について頻繁に相談を受けますが、発売後の商品であっても、この3つの質問にイエスと言えない商品も多いのです。

ここで注意してほしいのは、トライアル段階では「売れない営業」を巻き込まず、売上実績を出せている優秀な営業だけで実施すべきだということです。

なぜなら、売れない営業はそもそも潜在ニーズを引き出せなかったり、商品の価値をお客様に伝えられていなかったりするからです。彼らがお客様のニーズを調査・探索しようとしても、正しい調査結果や販売予測は得られません。

売れない営業には、確実に売れるトークスクリプト（営業台本）を作成したあとで営業活動に参加してもらうことをお勧めします。

まとめ5-5

再現性をもって成功を収めるために大切なのは、キーエンスのように商品の企画段階から販売に至るまで、しっかりとしたプロセスを構築し、そのプロセスに則った経営を全社一丸となって徹底すること。

新商品企画につながるニーズは「業界慣例」と「情報偏差」にあり

新商品の企画につながるニーズや価値を見つける際に、注目すべき2つの重要なポイントがあります。

一つ目は「業界慣例」を注視することであり、2つ目は「情報偏差」にフォーカスすることです。

第4章でも解説しましたが、あらためて、商品企画の視点から説明します。

まずは一つ目の「**業界慣例**」についてです。

みなさんはお客様と話しているとき、「**うちの業界では**」という言葉を聞いたことがありませんか？

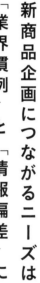

商談などで「うちの業界では、この部分についてはこういうやり方をしているんです」「うちの業界では、これが当たり前になっているんです」という言葉を聞いたことがあるはずです。

これが、いわゆる「業界慣例」です。

あなたがもしお客様から、「うちの業界では」という言葉を耳にしたら、ラッキーだと思ってください。

それは、お客様が「本当であれば、こんなやり方は非効率（またはムダ）だが、仕方なくやっている」と思っている「業界慣例」だということなのです。

もしそれを見つけることができれば、そしてその業界慣例を壊すようなソリューションができれば、**「破壊的価値」を生み出せる新商品企画につながる可能性があります。**

業界慣例を打ち破って破壊的価値を生み出した例として、クラウド会計ソフトや金融系ウェブサービスを提供する「freee」や「マネーフォワード」があります。

両者のサービス内容や事業戦略は異なりますが、どちらも、パソコンの中にしかなかった会計ソフトをクラウド型にし、安価で提供して事業を拡大しました。

クラウド型のほうが効率的なことができると思っていたとしても、税理士やセキュリティなどの考えから、個々に開発するオンプレミス型が主流（業界慣例）でした。

今となってはクラウド型が当たり前のように見えますが、新しい価値観に変えた好例だと思います。

「うちの業界では、どの会社もエクセルで個別のフォーマットをつくって仕事をしているんです」「うちの業界では、この業務に関してはとくに厳密なルールがなく、臨機応変に対応しているんです」という言葉を聞いたとき、「そうか、この業界ではそのやり方が適しているんだな」と真に受けてはいけません。

「エクセルで個別のフォーマットをつくって仕事をしている」「厳密なルールがなく、みんな臨機応変に対応している」という場合、その会社は、仕組み化やシステム化による「**最も効果的な成功のセオリーを知らない**」可能性が高いと言えます。

仕事のやり方にはは、本来はきちんとしたセオリーがあるべきです。

しかし、セオリーを知らないがために、これまでずっと非効率な方法でやってきてしまったのです。

他社や他業界でうまくいっている会社のやり方を知らず、自社独自のシステムを組んで何とか回しているだけなのです。

実際に、そのような会社や業界は数多く存在します。

もちろん、お客様との会話では、決してそれを頭ごなしに「それはちょっと非効率的ですね」などと否定してはいけません。

「それは大変ですね」とお客様の悩みを真正面から受け止めて、お客様が困っている業界慣例をもっと詳しく聞いていきましょう。

それが新商品企画のアイデアにつながる可能性があります。

もう一つ、新商品企画につながるニーズや価値を見つけるための重要な要素が、「**情報偏差**」です。図13を見てください。

図の中では、自社はAメーカー、Bメーカー、Cメーカー、Dメーカーに営業を

図13　業界の人は業界に詳しいのか？

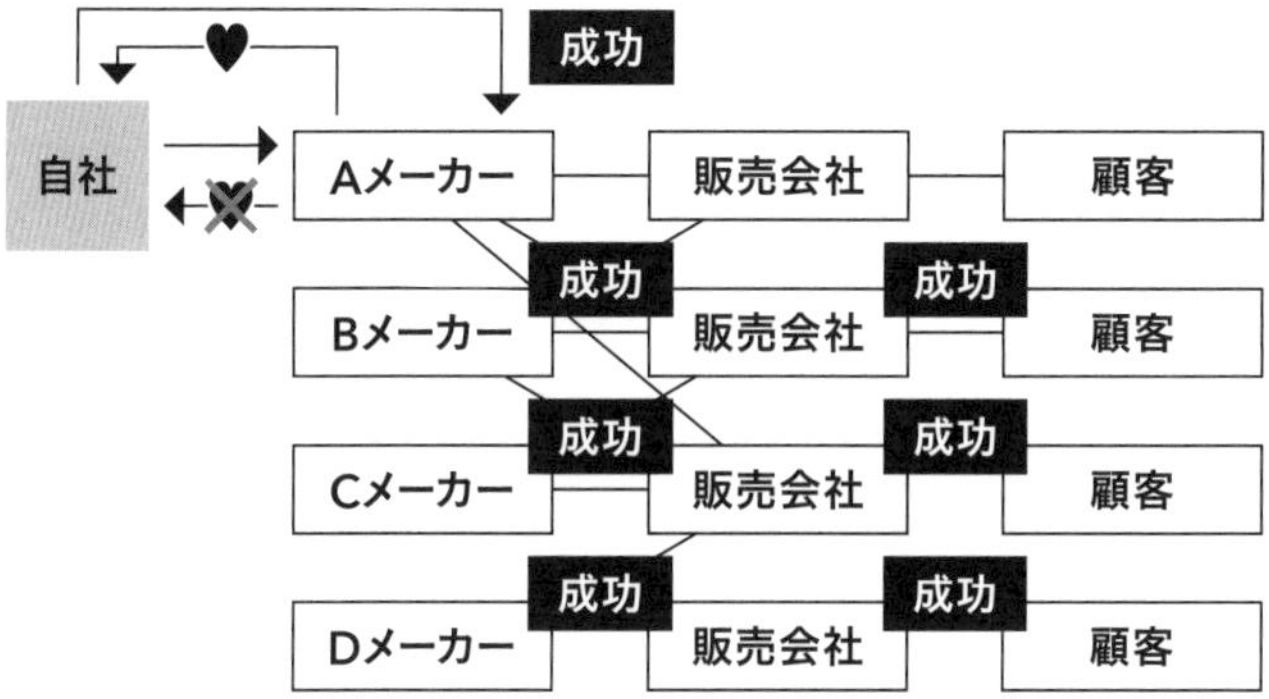

行っています。BtoBのDXソリューション企業が、医療メーカーに営業を行っているというようなイメージです。

みなさんの会社も同じような構造になっている市場があると思います。

この図にするとわかるのですが、自動車メーカー各社はお互いに競合同士です。

この構造になったときに、実はお客様側にできないことがあるのです。

それは、競合他社の成功事例を知ることが難しいということです。

では、**成功事例を知っているのは誰でしょうか？**

そう、それは、**その業界に対して営業を**

仕掛けている会社です。

そうすると見えてくるのは、**ある特定の会社で実際に成果が出ているものだが、他の会社ではできていない**ということです。

これが、成功情報のグラデーション、つまり情報偏差になります。

情報偏差を理解して、それを**一般化して、他社も欲しい価値（商品）**にすることができれば、その成功手法を知らない会社に売ることができます。

これが、「**情報偏差を用いた価値の横展開**」のやり方です。

私のコンサルティングで展開している方法もこの考え方を活用しています。

キーエンスだけでなく、さまざまな先進企業の成功事例を調べ、その成功事例を言語化し、構造化し、再現性をもった理論化をしているのです。そして、確立された完璧な営業のシステム、マーケティングのシステム、商品企画のシステムを一般化して、どんな会社でも再現できるようにしているのです。

これは、どんな商品・サービスを展開する際でも同じです。

例えば、パーソナルトレーニングを展開している会社は、「ダイエットがうまくいっている人は何をしているのか」という成功事例を一般化し、自社メソッドとしてダイエット法を教えています。

歴史に残るような例で説明すると、エジソンが発明した白熱電球の「光る」という成功事例は世界中に横展開されました（今となってはそれにLEDが代わって横展開されています）。

このように、情報偏差にフォーカスすれば、高付加価値を持った新たな商品を生み出すことはいくらでもできます。

新商品につながる価値の中でも、とくに大きなものが、ここで説明した**業界慣例を打ち破ることによって生まれる「破壊的価値」と、情報偏差を用いた「横展開価値」**です。この2つは主にとくに重要な要素ですが、営業やマーケティング、商品企画、そして、経営に携わる人であれば誰もが心得ておくべきポイントです。

これらが私がノウハウとしてお伝えしている「再現性のある価値の見つけ方」です。

まとめ5-6

「うちの業界では……」という業界慣例からは、破壊的価値を生み出す新商品企画につながる可能性がある。情報偏差を用いれば、「横展開価値」が生まれる。

たゆまぬ探求心が、マーケットイン型新商品の源

ここまでお話ししたことは、一朝一夕でできることではありません。

これらを一つひとつ地道に追求・探求し続けることこそが、キーエンスのように、高付加価値商品を生み出し続ける秘訣になり、そして、「プロダクトアウトの先のマーケットイン」を実践する根源になっていくのです。

そして、ここに向き合い続ける「たゆまぬ探求心が、マーケットイン型新商品の源」なのです。


さまざまなモノや人の動きに興味を持ち、「なぜこの結果になったのか」「なぜこの数字になるのか」に興味を持ち、とことん調べ尽くす。

そうした努力を続けていけば、必ず「価値の再現性」につながっていきます。

「そんな探求に時間をかけすぎるのは、ムダではないのか」と感じてしまう人もいるかもしれません。

しかしそれは、決してムダではありません。

ムダになってしまうのは、途中で諦めて「これくらいでいいかな」と探求をやめてしまうときです。

探求心を持ち続け、取り組み続けているキーエンスという会社には尊敬の念しかありません。

探求に費やす時間がどうしても取れないなら、探究しながら商品をつくっていきましょう。

とくに、スタートアップやベンチャー企業では、そうした姿勢が必須となります。

実際に商品をつくってみて、お客様に使ってもらわないと、わからないことがたくさんあります。

大きな投資がかかるものは別として、簡単なコンセプト図やイメージ図をつくるだけであれば、今では、生成ＡＩを使えば超短時間でできてしまいます。

ＩＴ系の商品であれば、モック（実物そっくりの動かないサンプル）ですら短期間でできてしまいます。

ベンチャーであれば、つくったものを実際にお客様に見てもらい、イメージしてもらい、サンプルを使ってもらい、反応を観察し、改善していくことも可能です。

継続的な探求活動こそが、マーケットイン型新商品の源であり、「価値の再現性」につながるのです。

「新商品の再現性」というのは、会社全体、組織全体で追い続けなければならない、企業における永遠の課題です。

キーエンスであっても、「すべてにおいて、完璧に再現性が構築できている」とは思っていないはずです。社会変化による変動要素もありますし、突き詰めなければいけないことは、まだまだ、たくさん残っていると思っているはずです。

一度、再現性の高い仕組みをつくったらあとは安泰、ではなく、時代の変化に合わせて新たな要素を取り入れ、改善し、常に何が正解なのかを突き詰め続けなければなりません。

そして、それを突き詰め続けることで、高い価値の再現性をもった企業となり、利益が増えていきます。会社の利益が増えれば、一人ひとりの給与や待遇がよくなり、誰もがより生きやすい社会になっていくでしょう。

そんな社会を実現するために「再現性」を、ぜひ、みなさんの仕事でも探求し続けてください。

まとめ5-7

「たゆまぬ探求心」を持ち続ける覚悟を決める。

１日に「ＰＤＣＡサイクル」を２度回す超速進化組織の仕組み

企業活動のあらゆる側面で仕組み化を実践し、「価値の再現性をいかに高めるか」を徹底的に追求している会社、それが私から見たキーエンスです。

同社はとくに「付加価値の再現性」の向上に焦点を当て、その実現を目指しているように見えます。

まさに、キーエンスは「**付加価値再現性企業**」と言えるでしょう。

ここからは、私がキーエンスで学んだ付加価値再現性企業として実行している基本的な考え方や、再現性を向上させるための仕組みについて、多角的な視点から詳細に解説していきます。

図14　1日にPDCAを2度回す仕組み例

8:30〜	朝礼　本日の目標確認	P
9:00〜12:00	電話	D
12:00〜13:00	昼食	
13:00〜13:15	中礼　本日の目標中間確認	C A P
13:15〜18:00	電話	D
17:30	締め	
18:30〜	事務・外報など	C A

本日の目標	
TEL	50件
アポ	8件
重点アポ	3件

本日の目標		
TEL	50件	20件
アポ	8件	4件
重点アポ	3件	1件

本日の目標		
TEL	50件	52件
アポ	8件	9件
重点アポ	3件	2件

PDCAが2回起こる

本節で最初に紹介するのは、営業業務における1日にPDCAサイクルを2度回す超速進化組織の仕組み化です。

その**営業業務におけるPDCAサイクル**から説明しましょう。

図14がその仕組みです。

ここに、みなさんご存知の「P」「D」「C」「A」という記号が並んでいます。

朝礼でその日の目標を確認して一日の計画を立て（PLAN）、それに則って午前中の営業電話をかけます（DO）。昼礼で、午前中の電話業務の進捗を確認・評価する（CHECK）とともに、改善策を反映した午後の計画を立てます（ACTION・PLAN）。

もし、昼礼時に「午前中の案件数が足りない」と判断されれば、その日の案件数を達成するために、どのように午後の電話を工夫するかの計画を立てるのです。

そして、再び午後の営業電話を行い（ＤＯ）、最後に、その日の目標に対する実績を評価して（ＣＨＥＣＫ）、翌日に向けた改善策を検討します（ＡＣＴＩＯＮ）。

このような仕組みを構築することで、**１日に２回、ＰＤＣＡサイクルが回るという体制**を確立することができます。

営業担当者全員がこの仕組みに沿って業務を遂行することで、ＰＤＣＡサイクルが確実に実行されます。

ＰＤＣＡを効果的に回すための一定のフォーマットをつくり、それをベースに一日のスケジュールを組んで仕組み化すれば、ＰＤＣＡは確実に回り始めるのです。

多くの会社では、「ＰＤＣＡサイクルを回すためには、まずは社員教育が重要だ」と考え、社員に「ＰＤＣＡに関するこの本を読んで、よく勉強してください」と指示し、ＰＤＣＡの実行を個々の判断に委ねます。

その結果として、一人ひとりの意識は向上し、個人の業務レベルではＰＤＣＡサイクルがうまく機能するようになるかもしれません。

しかし、会社組織全体としてはＰＤＣＡサイクルがまったく回らないという事態が発生します。

一方、仕組み化されたＰＤＣＡサイクルがあれば、社内の有能な誰かが再現性の高いフォーマットを作成し、その基準に従って全社員が行動するだけで、ＰＤＣＡサイクルが自然と回り始めます。

このような構造が整っていれば、業務改善の質が保証され、すべての業務において展開のスピードが速まるのです。

社員数が２０００人でも３０００人でも、全員が決められた時間に必ず指定された会議・振り返りが実行されているという仕組みが確立されているため、組織全体の取り組みが同期し、協調的に進められるのです。

このような誰もが自然とＰＤＣＡを実践できる仕組みが多数存在していたのです。

そして、私自身も退職したあとに気づいたのですが、キーエンスではＰＤＣＡという言葉は使われていませんでした。

実際、退職後に立ち上げた研修会社でお客様に「ＰＤＣＡサイクルが大事だよね」と言われたときに、ＰＤＣＡの書籍を買って学んだくらいです。

そして、その本を読んで気づきました。

「あ、やってた、全部」と。

そう、私は、教育されることなく、ＰＤＣＡを実践していたのです。

これが、ＰＤＣＡを教育で一人ひとりに実行させることと、仕組みでＰＤＣＡを回るようにすることの違いなのです。

まとめ5-8

秀逸な仕組み（今回の例ではＰＤＣＡサイクル）を構築していれば、従業員に多くの教育をすることなく、再現性の高い成果をつくることができる。

再現性を高めるベースとなる「9つの考え方」

本書で、ここまでに紹介してきた、組織として「再現性の塊」になっていく仕組みの根底には、私がキーエンスで学んだ「ベースとなる考え方」があります。

他にもたくさんのことを学ばせていただきましたが、とくに重要だと私が認識しているものは、次の9つです。

1 ありのまま
2 意味合い
3 フラットな関係性
4 効果的な報連相

5 育成
6 電話最優先
7 退社時間、効率
8 オン、オフ
9 共通言語

順番に詳しく解説していきましょう。

1 ありのまま

「ありのまま」とは、言葉の通りで、**「常に真実を見よ」**ということです。

「ありのまま」という言葉には、社員の仕事に向かう姿勢として**「常にありのままであれ（＝嘘偽りのないように）」**という意味も強かったように思います。

実際に私自身もコンサルタントとして活動していますが、真実でない情報に向き合っても、成果にはつながらないことを強く感じています。間違った問題・問いに向き合ったところで、出てくる解決策は効果的ではないからです。

ありのまま＝真実に向き合うからこそ、的確な問題提起ができ、良質の問いが生まれます。

その意味合いから、会社への報告に虚偽が混ざっていないかどうかは、とても厳しく見られているのだと思います。

2 意味合い

これは、「**すべてのものには意味がある**」ということです。

つまり本節で解説している「ベースとしている考え方」の一つひとつに、大切な意味があるという考え方です。

一般企業の例で説明しましょう。

例えば、リモートワークが普及したことで、出社して働くことについて疑問視する意見があると思います。

しかし、〝出社〟にも意味があるのです。社内の規律強化や仕事に対する責任感の醸成、組織学習の推進、顧客との深い接点の維持などです。

もちろん、そのためにかかるコストというのもあるでしょう。

しかし、意味合いを理解していれば、最終的に会社が選択した優先価値としてしっかり伝えることができるのです。

一例をご紹介しましたが、**社内で決められた一つひとつの事柄に意味がある。そのことを理解し続けるということが大事**である。

そんな考え方が、意味合いという考え方なのです。

もしこの意味合いがわかっていなければ、制度の重要性が理解されず、社内で決められたことがないがしろにされてしまうかもしれません。

会社によっては、意味合いなどを理解せずとも強制すればよいという会社もあるかもしれません。しかしその場合、強制された側の従業員は、意味合いを理解していないため、指示された通りには実行できますが、そこからの応用にはならないのです。

3 フラットな関係性

キーエンスでは、社員同士お互いを「○○さん」と呼び合い、「○○君」「○○部長」という呼び方はしていませんでした。

フラット（平等）な関係性を大切にしているのです。

会議では先に到着した順に着席し、たとえ社長であっても遅く来たら末席に座ります。また、エレベーターの乗り降りでさえフラットな関係性が保たれており、「社長、お先にどうぞ」などと、社長や上司を優先することはありませんでした。

「それがあるから何なのか？」「意味合いは？」と思うかもしれません。

もちろん、しっかりと意味はあります。

その意味が次の効果的な報連相に続くのです。

4 効果的な報連相

効果的な報連相とはどんなものでしょうか。

同社ではとくに、「悪いことほど早く上司へ報告すること」を徹底されていたと感じます。なぜこれができるのか?

それは3のフラットな関係性があるからでしょう。

もちろん他にも関係のある考え方は存在しますが、フラットな関係性があることにより、心理的安全性が強まり、悪いことでも上司へ報告しやすいという力学が働いていると思います。

当たり前のように聞こえるかもしれませんが、多くの企業では、悪いことには蓋がされ、なかなか報告されず、問題解決がされないという傾向があります。

効果的な報連相をベースにすることは、付加価値再現性を高め、企業価値を高めるためにはとても重要な考え方なのです。

5 育成

キーエンスにおいて部下の育成は、**上司が「影響度」をどこまで拡大できるか**という観点で考えられていると思います。

例えば、1億円の売上を立てた営業Aさんがいるとします。この時点でAさんは、「あなたは1億円の売上を立ててくれましたね」という評価です。

Aさんが管理職になって部下2人を持ち、その部下たちがAさんの育成によって2000万円の売上を3000万円（プラス1000万円）にできたとします。

その時点でAさんは、自身が立てた売上にプラスして、1000万円×2人＝2000万円分の影響度を拡大できた、とみなされるのです。

単に「部下がどれだけ仕事ができるようになったか」ではなく、部下の育成によって「影響度（役立ち度）をどこまで拡大できたか」が重要なのです。

6 電話最優先

私の在籍時、外線電話が鳴った場合、「3コール目以内で出るように」と指導されました。

遅くとも、3コール目にはその場にいる誰かが応答しなければならず、4コール目まで放置してしまうとお客様を優先せず、お客様を軽視してしまった、という基準になっていたのだと思います。

ちなみに、1コール目は基本的に出ないようにしていました。応答が速すぎてお客様を驚かせないようにするためです。

何より大切なことは、売上はすべてお客様から来ているということです。

つまり、「電話最優先」という言葉は、**「お客様最優先」という意味合い**につながるのです。

7 退社時間、効率

キーエンスの社員は、私が在籍していた以降のことかもしれませんが、できるだけ休日出勤を避けるように指導されていました。

また、退社時間にも一定の基準がありました。

時間内で仕事を終わらせる「効率」が重視されていたと思います。

したがって、「一生懸命、努力して頑張っています！」という姿勢は、結果が出なければ評価されません。「それって効率を考えてる？」「仕事の目的がわかっていないのでは？」と指導していたのを覚えています。

ちなみに、キーエンスには「**目的・問題意識を持って主体的に行動する**」という考え方があります。

仕事でどうしたらいいかと迷っている人がいると、上司や周囲の人からは必ず「その目的は？」と聞かれます。自分がやっていることの目的が明確になると、課題も、すべきことも明確になり、仕事が効率的かつスピーディに進みます。

目的がわからず仕事をしている人はムダが多く、効率の悪い仕事をしてしまいます。

8 オン、オフ

これは、オンのときは精力的に仕事をしましょう、オフのときはしっかり休みましょう。

プライベートを満喫しましょうという考え方です。

これもキーエンスでは他社以上に徹底されていました。

キーエンスでは「**公私峻別**」という考え方が非常に大切にされており、ビジネスに関係のない利害を判断基準に持ち込むことはもちろんNGですし、業務上で私的な恩恵を受ける行為や、社内の物品などの私的利用などは一切禁止されていました。

ただ、「公私融合」という企業文化・風土の会社もあるでしょうから、あくまでもキーエンスが事業のベースとしている考え方の一つとして知っておいてください。

9 共通言語

ここまでご紹介してきた考え方は私が認識している大切な考え方ですが、そのさらに根底にあるのがこの「共通言語」だと思います。

さまざまな言葉を、所属するメンバーで共通言語とし、その共通言語に対して、共通認識を持つことで、組織のコミュニケーション速度、意思決定速度を早くすることができ、そして組織進化を早くすることができるのです。

本節をまとめましょう。ここで紹介した項目すべてに非常に重要な意味がありますが、最も重要なのが、2つ目の「**意味合い（すべてのものには意味がある）**」です。意味があるものの再現性を高めるために、次節で紹介するような仕組み化を徹底しているのです。

まとめ５-９

共通言語を捉え、共通認識（考え方）を持つことで、組織全体の再現性が高まる。

あなたの会社には、再現性を生み出すための「ピース」が欠けていないか？

　ここまでの説明で、組織として再現性を高めるためには、「徹底した仕組み化」が重要であることが理解できたと思います。

　仕組み化に必要な要素は、**「共通言語」「共通知識」「共通技術」「共通ツール」「共通システム」「評価システム」**です。

　これらが仕組みの中にしっかり組み込まれているため、会社組織全体で再現性が高められるのです。

　すべての取り組みが有機的に作用することにより、組織の効率性および持続可能性が向上し、競争力が強化されます。

組織の再現性を高めるうえで、**とくに重要な要素は「共通言語」です。**

例えば、共通言語とは、ここまでの例でも出てきたような「アプリケーション」「ありのまま」「気づきの発信」「役立ち度」「背景」などです。

共通言語がしっかり整っていることは、知識や技術といった、他の要素を効果的に活用するための基盤となります。

これまでに紹介した数々の共通言語がなければ、お互いに情報を交換するのに多大な時間がかかってしまうのです。

共通言語は、組織内での理解を深め、円滑なコミュニケーションを促進し、効率的な業務遂行を支える役割を果たすのです。

実は、「共通ツール」も非常に重要です。

お客様に知識や技術を口頭で説明するだけでは、十分な理解を得ることが難しいことがあります。

例えば、「私たちのレーザーは、ここの回転角が重要で、1秒間に○回転します。そのため、このような形状や機能が実現できます」と説明しても、言葉だけでは伝わりにくい場合があります。また、担当者によって説明の方法や内容が異なると、お客様が混乱してしまいます。

しかし、誰もが理解できる説明が集約された、どの営業でも使えるアプリケーション図やデモツールがあると、「まずはこの図、このデモ機を見てください」と説明できるので、お客様にすぐ商品の特長や利点、価値を理解してもらえます。

また、共通ツールを活用することで、社員間の情報共有や知識の継承が容易になり、組織全体での再現性が向上します。

これにより、お客様へのサービス品質が安定し、企業の信頼性も高まります。

キーエンスでは、業務全般にわたって、仕組み、構造、ルールが明確に決まっていました。

つまり、**すべての物事を「クリア」にしていく**ことがとても大切なのです。

それは「**すべての物事を明確に理解し、共有していくことで、再現性が高まる**」からです。

例えば、野球におけるピッチャーの投球で、「ストライクゾーンがどこなのか」という明確なルールが決まっていなければ、スポーツとして成立しません。

キーエンスのような、高い付加価値を実現していく、つまり、「付加価値の再現性」を実現する会社にとってのストライクゾーンは、「付加価値をつくること」であり、それによって「利益を創出すること」でしょう。

「みんなここに向かって球を投げろ！」と言われているのです。

多くの会社では、どこがストライクゾーンで、どこに投げたらボールなのかという明確なルールが定められていません。

そのため、どこに向かってボールを投げればいいのかがわからないのです。

そのような状態で再現性を生み出すことは不可能です。

ここまで読んでいただいたみなさんは、自社を再現性高い組織に変えていく方向性が見えてきたと思います。

ここで、「これはキーエンスだからできるのだ」「私たちには、ここまでできる能力がない」と思われる方もいるかもしれません。

しかし、そうではありません。

あなたや、あなたの会社が再現性をもった仕事ができない理由は、**再現性を生み出すための「ピース」が足りていないだけ**なのです。

再現性を生むために必要なピースが本当に足りているか、何かが欠けていないかを、もう一度きちんと確認してみましょう。


ただし、ただ単純にピースを揃えて仕組み化すればいいというわけではありません。

仕組みが効果的に機能し、再現性を向上させるためには、「付加価値とは何か」「ニーズとは何か」「ニーズを捉えるとは、どのようなことか」を、経営者以下、すべての社員が理解している必要があります。

付加価値の「再現性の塊」になるための極意は、まずそのような基盤が整っていることが前提にあり、その基盤の上に、個々の細かい仕組みを構築していくことなのです。

その結果、揺るぎない再現性をもった組織が実現していくのです。

ぜひ、私がキーエンスから学び、概念化した仕組みと考え方を参考に、あなたの会社に合った仕組み化を推進してみてください。

もちろんこれらを推進していくには、順番も大事です。

あくまでも一例ですが、「ニーズの裏のニーズ」を理解する前にニーズカードを導入したとしても、結局、効果を出せずに徒労に終わります。

基礎となる仕組みを順番につくっていくことにより再現性が高まり、個人・組織としての生産性・競争力が飛躍的に向上していくのです。

まとめ5-10

「共通言語」「共通知識」「共通技術」「共通ツール」「共通システム」「評価システム」が仕組み化には必須である。とくに重要なのが「共通言語」であり、組織内での理解を深め、円滑なコミュニケーションを促進し、効率的な業務遂行を支える役割を果たす。

第6章

今日からできる「再現性の高め方」

「最初の再現性をもった行動」を生み出し、最短時間で実行できるように「仕組み化」する

ここまでさまざまな事例を元にしながら、「価値あることの再現性を高める組織の仕組み」について解説してきました。

最終章では、みなさんが個人レベルで日々の仕事にすぐに活かせる、誰もがすぐに実践できる「再現性を高める方法」を紹介します。

まず、最初にみなさんにしていただきたいのは、「**最初の再現性をもった行動**」を生み出すことです。

そして次に、その行動を**最短時間で効率的に実行できるように「仕組み化」**しましょう。

最初の再現性をもった行動を生み出す、つまりゼロイチをつくり出すのは非常に大変です。時間もかかるでしょう。

しかし、その「最初の再現性をもった行動」は、本書でここまで解説してきた内容を丁寧に実践していけば、誰でもつくり出せるはずです。

そして、最初に0から1をつくってしまえば、あとはラクです。

何度でも再現できるよう、それを仕組み化していけばいいのです。

0から1をつくり出すのに3時間かかったとしても、「2回目をやるときは1時間で、3回目をやるときは30分で終わるように仕組み化しよう」と考えるのか、ただぼんやりと、「次も前回のように、うまくいくよう頑張ろう」と思うだけなのか、その差は非常に大きいのです。

また、もしあなたが経営者や管理職で、会社や部署・チームに再現性をもたせたいと思うなら、必ず押さえておくべきことがあります。

それは、**「個人」と「組織」を分けて考える**ことです。

再現性は、常に「個人（個々のメンバー）」と「組織（会社全体、部署やチーム）」の両方に持たせるべきですが、この2つに対して同時に再現性をもたせようとするのは、あまり効果的ではありません。

まずは「個人」にフォーカスして考えましょう。

「社員やメンバー一人ひとりが、いかに高い再現性をもって動くか」が、最終的に組織全体の成果につながるからです。

実際に、私が企業向けに行っている研修でも、再現性の成果が現れるのはまず「個人」レベルです。そのあとに組織としての再現性が高まっていきます。

組織は個人が集まってできあがっているので、当然と言えば当然です。

多くの経営者は、まず「マクロの視点（＝大戦略）」から経営を考えようとします。

しかし、大戦略から考えたものは大抵の場合もろく、再現性も乏しいのです。

反対に、個々の社員が兵士のように強靭で、彼らが確実に成果の出る仕組みに則って動いていれば、自然に再現性・生産性ともに高くなります。

あなたが組織の一員として働いているなら、まずは、個人としてできること、自分自身で変えられるところから始めていきましょう。
あなたが再現性高く成果を出せるようになれば、まずあなた自身がうまくいくようになり、そのノウハウを社内に広めていくことで、次第に組織が高い再現性をもち始め、部署全体、さらには会社全体がうまくいくようになるのです。

まとめ６-１

「組織の再現性」は「個人の再現性」から。

「うまくいったこと」と「うまくいかなかったこと」を切り分けて書き出す

本書では、ここまで「再現性の塊」だけが知っている「仕事の考え方」、それを支える「ニーズの捉え方」をお伝えしてきました。

ここからは、「再現性の塊」になるための「具体的手順」を解説します。

「具体的手順」は次の4ステップです。

ステップ1 「うまくいったこと」と「うまくいかなかったこと」を切り分けて書き出す

ステップ2 「うまくいったこと」は再現性を高め、「うまくいかなかったこと」は改善する

ステップ3　「行動の結果の数値化」：うまくいったことを「数値化」する

ステップ4　「価値の数値化」：数値化したものを再現可能にした場合の「価値」を明確化する

まずは、ステップ1から説明します。

私がこれまでコンサルタントとしてかかわってきた、「高賃金・高収益」を得ている「再現性の塊」は、ある共通要素を持っています。

彼らは「**うまくいったこと**」**と**「**うまくいかなかったこと**」**を、きちんと切り分けて考えている**のです。

「うまくいったこと」は、例えば、成約率が上がった、価値を高く認めてもらい、成約単価が向上したことなどの成功事例、「うまくいかなかったこと」は、失注や競合に負けたというような失敗事例です。

「最初の再現性をもった行動」を生み出すために、まずは、その2つを分けて整理してみましょう。

基本中の基本なのですが、意外とこの切り分けができていない人が多いのです。

ここで認識しておいてほしいことが2つあります。

一つ目は、**「うまくいったこと」と「うまくいかなかったこと」は、常に同時に起こっている**ということです。

「ずっと、すべてがうまくいっている」または「うまくいかないことが、ずっと続いている」という人はまず、いないはずです。

みなさんの中にも、「営業の仕事で受注は取れているけれど、他の案件がうまくいっていない」「仕事関係はうまくいっているが、家庭内にいろいろ問題がある」という人がいると思います。

日々の生活や仕事を振り返ってみれば、きっとあなたにも、「うまくいったこと」と、「うまくいかなかったこと」が両方起こっているはずです。

2つ目は、**「うまくいかなかったこと」よりも「うまくいったこと」を多く書き出すよう意識すること**です。

多くの人は、「うまくいかなかったこと」ばかりを書こうとする傾向があります。

人間は一般的に、ネガティブなことを書き出すことで不安を払拭したいと本能的に考えるのです。

しかし、再現性を高めるためには、「うまくいったこと」を見つけなければなりません。

ですから、できるだけ「うまくいったこと」をたくさん書くという意識を持つことから始めましょう。

書き出したら「両方のことが起こっているんだな」「これが今の自分なのだ」と、自分自身の現状を認識して、見つめ直すことが大切です。

「うまくいったこと」と「うまくいかなかったこと」を書き出しましょう、とアドバイスすると、ときどき「うまくいったことが見つかりません」と悩んでしまう人がいます。

誰でもうまくいったこと、今うまくいっていることは、たくさんあるはずです。

この世に生を受けて、今この瞬間に、生きている。

それだけでも、うまくいっているのではないでしょうか。

また、今あなたはこの本を読んで何かを学ぼうとする意欲を持っているはずです。

考えようによっては、それも「うまくいっていること」の一つです。

私は、かつて事業に失敗し、妻子がいるにもかかわらず、家を借りることさえできず、たった3円が足りなくて、缶コーヒーすら買えない苦しい時期がありました。

それでも「今、仕事をしてくれている、このお客様は私の価値を認めてくれている」「働ける場所がある」という、「うまくいっていること」がありました。

そのときのことを思い出すと、私は今の状態を「何て有難い」「今の自分は、なかなかうまくいっている」と思えます。

「うまくいったこと、今うまくいっていることが見つからない」と思ってしまう人は、「**感謝（有難い）の基準**」**が高すぎる**のかもしれません。

いろいろな物事や今の状況に「有難い」と感謝する基準を、もう少し下げてみてはどうでしょう。

みなさんも、日々、一生懸命仕事をしていることでしょう。

それでも、うまくいかないことが、たくさんあると思います。

しかし、「有難い」の基準を少し変えてみれば、必ず「うまくいったこと」が見つかるはずです。

まずはどんな些細なことでもかまいませんので、「うまくいったこと」「今うまくいっていること」として書き出してみましょう。

まとめ6-2

「うまくいったこと」「うまくいかなかったこと」を切り分けて整理する。その際、「うまくいったこと」を多く書き出すことを意識する。

「うまくいったこと」は再現性を高め、「うまくいかなかったこと」は改善する

「うまくいったこと」と「うまくいかなかったこと」を書き出したら、次にすることは、「うまくいったこと」は再現性を高め、「うまくいかなかったこと」は改善する作業です。

まずは、書き出したリストの中から、「**頻繁に起こっているわけではないし、些細なことだけれど、うまくいったこと**」に注目してみましょう。

例えば、営業として働いている人の「うまくいったことリスト」の中に、「初めて訪問したお客様に元気に挨拶したら、『元気がいいね。その元気は気に入った！』と言われ、そのあとしっかりと話を聞いてくれた」という項目があったとします。

これは、「ほんの些細な、うまくいったこと」かもしれません。

どんな些細なことでも、**自分のしたことが「うまくいったな」と思ったら、「なぜうまくいったのか」を突き詰めて考えてみましょう。**

そうすれば、「お客様の目を見て笑顔で挨拶した」「元気に明るく声をかけた」「お客様のHPを見て、社長の理念を読み、『人を大切にしている会社なんですね』と尊敬を伝えた」などの理由が見えてくるでしょう。


このように振り返りを積み重ねていると、「お客様は喜ばし続けていると、話をしっかり聞いてもらえる」というような成功のセオリーが見つかります。

そうしたら、**次回から「同じこと」を「毎回」やってみる**のです。

それを続けていれば、徐々に再現性が高まっていくはずです。


それと同時に、「うまくいかなかったこと」は改善しなければいけません。

せっかくお客様から褒められたのに、マネージャーから「これ、ちゃんとやってないじゃないか！」と怒られてしまったとします。

もしそうした失敗をしてしまったら、「うまくいったこと」と同じように、「なぜうまくいかなかったのか（怒られてしまったのか）」という原因を突き詰めて考えてみましょう。

例えば、「マネージャーから指示を受けたときにメモをしていなかったので、忘れていた」「指示を受けたときにすぐ行動すべきだったのに、後回しにしてしまった」『いつまでにやればいいですか？』と期限を聞いていなかった」などの原因があるはずです。

原因を書き出したら、次に改善策を考えます。

この場合の改善策としては、「マネージャーの話を聞く際には必ずメモを取る」「できるだけ、即実行する」「いつまでにやればいいかを確認する」などです。

これらを実践するだけで、同じミスはなくなります。

ミスがなくなり、なおかつそこを起点に「うまくいったこと」がさらに増えていけば理想的です。

このように、「うまくいったこと」と「うまくいかなかったこと」を切り分けて整理し、その理由や原因を追究することは極めて重要です。

例えば、営業がお客様から受注できたとします。

これは「うまくいったこと」です。

しかし、そのことに浮かれて、うまくいった理由を考えることをつい忘れてしまうのです。それでは、同じ成功を再現することは難しいでしょう。

受注が取れたのなら、「なぜ受注が取れたのか」という理由を追究しなければなりません。

多くの会社では、「なぜ受注が取れなかったのか」というネガティブな側面、失敗した理由に目が向けられがちですが、注目すべきは逆の側面、つまり**「なぜ受注が取れたのか」**という**「成功理由」**です。

お客様が自社商品を「偶然買ってくれた」ではなく、成功のセオリー通りに動いたために、「予想通り買ってくれた」にしていくために、「なぜ買ってくれたのか」を明確にすることが大切です。

そうして再現性を高めていくと、必然的に売れる確率が上がっていきます。

失注（失敗）する確率を下げて、受注（成功）する確率を上げていき、それを再現し続ければ、営業だけでなくマーケティングやその他の仕事も、すべてがうまくいく割合、再現性が上がっていくのです。

まとめ6-3

「うまくいったこと」の「成功理由」を分析し、それと「同じこと」を毎回行ってみる。

「行動の結果の数値化」：うまくいったことを「数値化」する

「うまくいったこと」を書き出し、うまくいった理由を明らかにし、「うまくいったこと」の再現性を高める行動ができるようになったら、次にやるべきことは何でしょうか。

それは、「**行動の結果の数値化**」です。

何がどれだけうまくいったのかを、「数値」で表して組織内で共有するのです。

それによって、個人レベルのみならず、組織全体として、価値あることの再現性がさらに高まっていきます。

行動の結果の数値を第三者に伝える（数値報告する）ときには、絶対に押さえておくべきポイントがあります。

それは、**「数値」「変化」「基準値」という3つの要素を意識して伝えること**です。

例えば、営業担当者が上司に「今月の成約率が30％にアップしました」と報告したとします。

これは、単に「数値」のみを伝えています。

報告を聞いた上司は次のように質問してくるはずです。

「そうか、今月の成約率が30％になったんだね。ところで、先月までの成約率は何％だったの？」

この質問で上司は、もともとの成約率からどれくらい向上したのかという「変化」を尋ねています。

「もともとは成約率15％だったものが、30％に上がりました」という「変化」を明確にして報告すれば、上司は「そうか、成約率が倍になったんだね」と理解できます。

しかし、「変化」を聞いたとしても、上司の頭の中にはまだ疑問が残るでしょう。

「成約率30％というのは、他の営業担当者と比べて高い数値なのだろうか？」という疑問です。

上司は、成約率30％という数値が果たしていい実績なのかどうかを判断するための「基準値」を知りたいはずです。

ここで部下が、「営業全員の今月の平均成約率は15％です。その中で私は30％という成約率を達成しました」と、基準値をベースに報告すれば、上司はあなたの成果を正しく評価できます。

このように、行動の結果を数値化する際に重要なのは、「**数値**」「**変化**」「**基準値**」**という3つの要素を明確にし、誰が聞いても、その人の成果がすぐに把握できるようにしておくこと**です。

そうすることで、他の社員も価値が再現しやすくなります。

ここで、話が少しそれますが、「評価」について触れておきたいと思います。

評価という言葉は苦手だったり、嫌いだったりする人もいるかもしれません。

しかし、私たちは常に他者との関係性の中で生きています。

評価とは、他者から私たちが「どのような価値があるのかを評されている」ということです。

社会で生きていくためには、高く評価されるということに再現性をもたせなければならないのです。

よく、「成果を出しているのに、上長がきちんと評価してくれない」と愚痴をこぼす人がいます。もちろん、きちんと評価できる仕組みにしていない上長にも原因があるかもしれません。

しかし、評価される側の人たちも、成果の価値を上長が聞いてすぐにわかるような表現で伝えるべきなのです。

気づいておかなければならないのは、社員の評価をするのは、上長よりもさらに上の立場の人や、ときには社長や、あなたの所属する部署とは全然別の人事部の場合もあるということです。

日々多忙な業務に追われている管理職や社長には、社員一人ひとりと、個別にゆっくりと話をする十分な時間はありません。

たとえ数分でも、彼らにとっては惜しいはずです。

彼らにはたくさんの部下と数多くのお客様がいて、さまざまな責任があり、矢継ぎ早に会議に参加しています。そんな人に、「私の評価のため、じっくり話を聞いてください」というのは無理な話なのです。

この現実を踏まえたうえで、評価される側が取るべき最善の行動は、相手に「それは大きな成果だね」と数秒でわからせることです。

そのためには、相手が聞いた瞬間にパッとわかるような「数値」で表現し、「変化」「基準値」でその数値が表す成果を伝えなければなりません。

つまり、本当によい評価をされるためには、**成果を聞き出してもらうような会話はしては（させては）いけない**のです。

最初から、「今月の成約率が15%から30%にアップしました。営業全員の今月の平均成約率は15%です。その中で私は30%という成約率を達成することができました」と報告するのです。

そうすれば、上司、上司の上司が欲しかった判断基準が一気に揃います。

そのとき、あなたは会社から、高い評価を得られるでしょう。


また、あなたが会社組織の一員なら、**他の人がまだ数値化していないことでも、数値化しにくいことでも、数値化してみること**が大切です。

もし、社内で誰も受注率や成約率、その伸び率などを数値化していなければ、あなたが数値化してみましょう。


誰もやっていないから、自分もやらなくていいのではありません。

自分、組織の再現性を高めていくためには、まず率先してやるべきです。

会社によっては、「そこまで細かい数値は、いちいち出さなくてもいいよ」と言われるかもしれませんが、行動の結果を明確にするためにも、また業務効率化のためにも、うまくいったことの数値化は必ず行うべきなのです。


もし直属の上司が認めてくれなかったとしても、経営陣は数値化ができる人材を重宝しますし、もし経営陣からの評価が芳しくなかったとしても、お客様・市場からは必ず評価が高くなります。

まとめ6-4

成果を一瞬で理解してもらうためには、「数値」「変化」「基準値」の3つを伝える。

「価値の数値化」：数値化したものを再現可能にした場合の「価値」を明確化する

うまくいったこと、行動の結果を数値化したら、次に、「**数値化したものを再現可能にした場合、どれだけ価値があるか**」を明確にします。

「**価値の数値化**」です。

これは多くの方ができてないのです。

再現性を高めた結果の数値を価値として表現できなければ、他者から価値があったとは認めてはもらえないのです。

例えば、営業担当者が営業部長に自分の成果をアピールして給与アップ交渉をする場合、次のように、「その数値が持つ価値」に焦点を当ててプレゼンすべきです。

担当者「以前の月間平均粗利益は、成約率15％で３００万円、年間では3600万円でした。今月から成約率が30％になり、月間の粗利益が６００万円、年間では７２００万円となり、以前と比較すると年間でプラス３６００万円の粗利益向上です。

なおかつ、私の営業手法を部署内で共有できれば、部署の平均成約率が30％に上がるはずです。我々の部署には10人の営業がいますので、年間で３億６０００万円の粗利益向上につながります。この企画について一度、ゆっくり話を聞いてくださいませんか？」

このように報告・提案すれば、忙しい営業部長でも話を聞いてくれるでしょう。３億６０００万円もの利益向上策を持ってきてくれる社員が目の前にいるのですから。この興味づけるための話を1分以内で説明できるようになればベストです。

ここでポイントとなるのは、「**私の営業手法を部署内で共有できれば、年間で３億６０００万円の粗利益向上につながります**」という部分です。

部下が単に「成約率が30％になり、年間で７２００万円、以前と比較するとプラス

3600万円の粗利益向上です」とだけ伝えたら、上司は「成約率が15%から30%に向上した」「年間の粗利益がプラス3600万円になった」という価値しかわかりません（もちろんこれも小さな価値ではありません）。

肝心なのは、いかに組織に再現性のある成功法を展開できるかどうかを伝えることです。

「個人の成果を部署の全員に横展開して再現可能にした場合、3億6000万円の価値になる」ことを伝えるということなのです。

成果を評価してほしければ、**数値化したものを組織内で再現可能にした場合、どれだけ価値が生まれるのかを考え、その点を意識して伝えるのです。**

数値を価値化する際には、エクセルやスプレッドシートのフォーマットをつくっておくと便利です。

シート上には「どんな目的で何をしたか」「どんな工夫をしたか」「結果はどうだったか」といった項目記入欄を設けておき、結果の欄には、前述した「数値」「変化」

「基準値」を記入できるようにしておきましょう。

例えば、「成約率が上がり、1月は25％だったものが、2月には35％まで変化した。基準値である全社平均の成約率は25％である」といった数字がすぐにわかるようにしておくのです。

余計な数値は書かず、とにかくパッと見た瞬間に、その数値の価値がわかるようにしておくことが肝心です。

ここでお伝えした「価値の数値化」の考え方は、キーエンスの営業がお客様に対してアプローチする手法に似ています。

お客様に対して「この商品を導入すれば、これだけの価値が出ます」と数値で伝えるのと同様に、上司に対しては「私の成功事例を横展開できると、部署（またはチーム）としてこれだけの成果・価値が生まれます」と伝えるのです。

ある意味、部下にとって、上司はクライアントです。

クライアントに対しては、相手が納得する提案をしなければなりません。

昇進・昇給するのは、上司によい提案ができた社員なのです。

このときに指針とすべきなのが、本書で繰り返し登場している「**生産性のアップ**」「**財務の改善**」「**CSRの向上**」「**コストダウン**」「**リスクの回避**」「**付加価値のアップ**」**という企業が求める6つの価値**です。

上司や会社側に対しては、これらの要素を交えて提案しなければなりません。

それ以外の面でアピールしても、上司や社長からの依頼でない限りは、「それは的外れな提案だ」「それは会社にとって、あまり価値のあることではない」と判断されてしまうでしょう。

会社の中で何を再現するべきなのか、という価値を理解したうえで、価値の数値化をしていきましょう。

以上が、「再現性の塊」になるための「具体的手順」の4つのステップです。

まとめ6-5

再現性のある方法を組織内で展開するために、「価値の数値化」を行う。

まずは「普段当たり前にやっていること」を数値化してみよう

「再現性の塊」になるための「具体的手順」の4つのステップの中でも、「価値の数値化」はとくに重要です。

価値を数値化し、明確にすることは、自分の仕事の再現性を高めることに寄与するだけでなく、社内の業務効率化にとっても大きな意味を持ちます。

まずは、**「普段当たり前にやっていること」を数値化してみましょう。**

普段何気なくやっていることでも、数値化してみると意外な発見があり、業務の効率化が図れるのです。

例えば、外回りの営業の行動について考えてみましょう。

彼らは毎日のように、あちらこちらを移動しています。

業務の中で最も時間を割いているのは、移動時間であることも少なくありません。アポイントが一日3件あり、最初の打ち合わせ場所への移動に1時間、次の場所への移動に1時間、最後の場所までの移動に1時間、そして会社に戻るまでに1時間かかったとします。

この場合、移動だけで一日4時間も使っていることになります。

移動は営業にとって当たり前の行動なので、そこにどれだけの時間を費やしているか、普段あまり意識していません。

そうした「当たり前の行動」を一度数値化してみることで、何をどう改善すればいいかが見えてきます。

先ほどの例であれば、一日4時間の移動時間を削減し、その分の時間を別の仕事に当てられたら、どれだけ売上が伸びるのかを考えてみるのです。

このような考え方は、営業だけでなく人事・総務や事務職などバックオフィス業務を担当する人にとっても重要です。

バックオフィス業務の場合でも、やはり「価値の数値化」によって、最終的には「再現性」を高めるという役割も果たす必要があります。

成約率アップや業務効率化による利益の向上は、単発や単月で達成できたとしても、会社にとってそれほど大きなインパクトはありません。

しかし、**そこから成功のセオリーをつくり出し、再現性をもたせられたとすれば、組織としての大きな成果になります。**

15％の成果向上、たった30分の変化を再現性を持たせて組織に展開できると、億単位の大きな利益につながる場合もあるのです。

まとめ6-6

「価値の数値化」は、「普段当たり前に行っていること」からしてみると、意外な発見がある。その意外な発見から、大きなインパクトを生み出すこともある。

価値を数値化するときは、絶対値ではなく「相対値」に注目せよ

価値を数値化するとき、忘れてはならないポイントがあります。

それは、**「絶対値と相対値」を分けて考えること**です。

例えば、成約率が25％から33％に増加した場合、これは**「32％の向上」**を意味しています。

意外にも、この数値の考え方（計算の仕方）を理解しておらず、多くの人が「8％の向上」だと誤解してしまうのです。

成約率が25％から33％に増加した場合、確かに絶対値としては8％の向上です。

しかし、25％から33％への伸び率を相対値で見ると、8％÷25％＝32％向上していることがわかります。

では、成約率が３%から６%に向上し、成約単価が30万円から45万円に上がった場合、売上は何%向上したことになるでしょうか？

成約率の伸びを相対値で見ると、３%が倍の６%になったのですから、１００%の向上です。成約単価は30万円から45万円になったので、１・５倍の上昇です。

ということは、２倍×１・５倍＝３倍、つまり売上は「３倍＝２００%の向上」となるのです。

こうした計算の仕方は、経営に関する数字に強い人であれば、当たり前かもしれません。

しかし、多くの人はつい絶対値で考えてしまい、相対値による価値化を行っていません。

「先月の成約率３%から、今月は６%に上がったけれど、たった３%のアップだな」と単純に考えてしまうのです。

そのため、実質的な成果としては「２倍＝１００%の向上」になっているということに気づけません。

これらの計算式をエクセルやスプレッドシートなどに入れておくことで、計算方法の誤りを防げます。成約率が25％から33％に増加したなら、「32％の向上」とすぐに数字が出るようにしておくのです。

同時に、個人が出した成果の数値化、そしてその数値の変化による組織全体への影響力も、すぐに数値が算出されるようにしておきましょう。

例えば、ある営業の月間の売上が３００万円で、成約率が32％向上したとすれば、月間売上は３９６万円になります。

つまり、月あたりの売上はプラス96万円、年間で考えると１１５２万円のプラスです。営業が６人いるチームなら、チーム全体のプラスの売上は年間で６９１２万円です。さらに、部署全体に30名のメンバーがいれば、プラスの利益は年間で3億４５６０万円となります。

こうした数値がすぐに算出され、自動的に価値の数値化ができるようにしておくのです。

そうしておかなければ、「たった8％の変化でしょう？」と思われて、せっかくの

32％、3億円以上もの成果向上という大幅な価値が見過ごされてしまうのです。現場レベルで精緻に価値を追うことができれば、このような成果はいたるところで起こっています。

大切なことは、こうした「価値の数値化」の考え方を部署単位で理解し実践することですが、まずはあなた自身が理解・実践することから始めてみてください。

自分自身の行動の結果を「数値」「変化」「基準値」で明確にし、それらの数値がどれだけの価値をもたらすことになるのかを可視化してみましょう。

まとめ6-7

仕事で数字の変化を扱う際は、「絶対値」と「相対値」を分けて考える。

給与アップ交渉、採用面接では「自分の影響力によって生み出した成果の再現性」が最大の武器になる

もしあなたが上司や会社から高い評価を得れば、あなたには「昇進・昇格する」「昇給する（給与がアップする）」などの成功がもたらされます。

ここでもポイントとなるのは「再現性」です。

あなたを評価する人は、「この人が成果を出したのはわかったが、これからも同じ成果を出してくれるのだろうか」「何度でも同じような成果を出してくれるのだろうか」という点を徹底的にチェックされます。

日本の雇用の制度上、社員の給与額を一度決めてしまうと、簡単に下げることはできません。

しかも、給与額を上げる前は、その人が今後も今まで通り成果を出してくれるかどうかわからない状態です。

したがって、その人が成果を出すことにおいて再現性を持っているかどうかが、昇給を決めるための大きな判断基準となります。

表現を変えれば、**再現性を高めれば確実に給与がアップするのです。**

では本題に入りましょう。

どのような人が実力で給与アップできる人かを、具体例を挙げて説明します。

以前私が研修を行った、あるコールセンター会社に勤務しているAさんの事例です。

Aさんは毎年のように研修に参加し、さまざまな努力をした結果、ある月から成約率などの数値が大幅に上昇しました。

その後、Aさんは毎年のように昇進・昇給し、また、個人レベルで成果の再現性を高めることができただけでなく、それを横展開して部署単位でも大きな成果を上げています。

このような大きな成果が出た理由は、Aさんがお客様に対するトークの方法を改善したためです。

Aさんは、トークの進め方、構成内容を自分なりに微調整・改善していたのですが、私に以前のトーク手法との違いや、改善した結果どうなったのかを、非常に細かい点まで説明してくれました。

私はAさんの話を聞いて、「これほど詳細に成果を出す手法を理解して実践でき、その成果を理路整然と人に伝えられる人なら、今後どんな職場に行ったとしてもうまくいくな」と感服しました。

Aさんのように、**自らの成果を詳細かつ明確に上司や評価者に伝えられれば、彼らは「今後も確実に同じような成果が出せますね」と、昇進や昇給の決断を下せます。**

これは採用面接でも同じです。

中途採用であれば「どんな実績をお持ちですか？」と必ず質問されます。

この質問で聞かれているのは、「どんな仕事をどう実践し、どんな成果・数値を出したのか」「なぜその成果を出せたのか」「あなたの成果が、私たちの会社にどんな価値をもたらしてくれるのか」です。

先ほど、「数値化した結果を再現可能にした場合、どれだけ価値があるか」を明確化することが重要だと述べましたが、「あなたがそれを実現できる人材なのかどうか」こそが、中途採用を行う企業の知りたい情報でもあるのです。

つまり、昇進・昇給を目指して上司にアピールする場合でも、転職の採用面接で面接官にアピールする場合でも、**「自分の影響力によって生み出した成果の再現性」が最大の武器になる**のです。

面接官に納得してもらうためには、次のように、あなたが生み出した成果の再現性を語らなければなりません。

あなた「私はこれまでＢtoＢの営業で大きな成果を出してきました。どのような成果かを説明します。入社した当時、部署の月間粗利益は３０００万円でした。そこで、商品研究をしたうえで、ターゲットの選定からやり直し、お客様に商品の価値を訴求する文章も作成し、再現性をもった形で営業活動を始めました。

その結果、もともとは成約率15%だった部署の平均成約率が30%まで上昇し、月間の粗利益も3000万円から6000万円に向上しました。それを社内の誰もが同じような成果を出せるよう横展開した結果、会社は黒字化し、私は部署のリーダーになれました。もし採用していただけたら、御社の成約率向上や利益アップを実現し、確実に貢献できると考えております」

このような説明であれば、面接官は、「そんなにも成約率や利益を上げられる人なのか」とあなたの話に食いついてくるでしょう。

そして、「実際にどうやって成約率を上げたのですか？」「ポイントは何だったのですか？」と聞いてくるはずです。

そうしたら、あなたが実際に行った施策の詳細を語ればいいのです。

それらをよどみなく理路整然と語ることができれば、面接官は「この人は優秀だな。ぜひ採用しよう」「高給で優遇しよう」と思ってくれるはずです。

社内での評価の場合も、採用面接でも、また営業だけでなくどんな職種であっても、あなたが評価されるために必要不可欠な要素は、**「再現性」を持って「価値づくり」ができるかどうか**です。

また、もしあなたが経営者や管理職など、部下の評価をする立場にあるなら、常に価値の数値化を行い、それベースとした人事評価をするよう心がけてください。

「声の大きい人、自己アピール力のある人が評価される」「何となく頑張っている感じの人が評価される」のではなく、「価値をつくり、その価値を数値で明らかにした人が評価される」という評価方法を、ぜひ実践してください。

まとめ6-8

再現性は評価の担保になる。

「棚ぼた型の成功」に再現性をもたせるために、周期的に「振り返り」をして組織内で横展開する

ここまで、主に個人として再現性を高める方法と、その結果どのような成功を享受できるのか、について解説してきました。

最後に、あなたが経営者またはリーダーやマネージャーなどの管理職だとしたら、どのように「組織としての再現性を高めるべきか」について考えてみましょう。

部署やチームなど組織として再現性を高めるためには、所属メンバーたちに、**「再現性を高めるための振り返り」を周期的にしてもらいましょう。**

振り返り作業は、2週間あるいは1ヵ月に1回ほどの周期で、1時間程度の時間を取って行うといいでしょう。

「再現性の塊」になるため「具体的手順」ステップ1は、「うまくいったこと」と「うまくいかなかったこと」を書き出し、前者の再現性を高めて、後者を改善することだと前述しましたが、組織単位での振り返りにおいても、まずは同じ作業を行ってください。

最初にメンバー一人ひとりが、個人として「うまくいったこと」「うまくいかなかったこと」を切り分けて整理し、「うまくいったこと」の数値化と価値の数値化を行います。

そして、「どうすればそれを確実に再現できるか」まで突き詰めて考えてから部署内、チーム内で共有しましょう。

振り返りの結果、「うまくいったこと」の価値がどれくらいあるのかを数値化し、それをエクセルやスプレッドシート、もしくはSFAなどにまとめておけば、たまたま発生した思いがけない成功、「棚からぼた餅」型の成功を見逃すことを防げます。

組織の中では、誰かがたまたま出した素晴らしい成果は、意外に見逃されてしまいます。そして、再現性をもたないまま放置されます。

あなたの周りにも、「あの人はなぜかわからないけれど、とても売れるよね」「たぶん営業センスがあるんだね。すごく頑張っているし」などと言われている人がいるのではないでしょうか。

彼らの成果を「センス」や「頑張り」で片づけてしまうのではなく、その成功理由を探って組織内で共有し、その成功に再現性をもたせましょう。


部署内で突出した売上を立てている、ダントツのアポイント率をはじき出しているなど、うまくいっている人をよく見ると、そこには必ず理由があります。それを吸い上げて他のメンバーにも教えれば、確実に組織としての成果が向上します。

組織内を見渡すと、**誰かが困っていることは、たいてい他の誰かがすでに解決したことばかり**です。

ということは、組織内で解決方法を共有して協力し合えば、その問題はすぐに解決できるはずです。

逆に、その共有作業を行っていなければ、組織内で助け合えず、組織として「再現性を高める」ことができません。

個人的な成功事例を部署やチーム全体に横展開するときには、誰もが再現できるよう、**成功のセオリーを仕組み化（ツール化、システム化、自動化）すること**が大切です。

成功の仕組みが個人だけでなくチーム、チームだけでなく部署、部署だけでなく他の部署、最終的に会社全体にまで横展開できたとしたら、一体どれだけ生産性が上がるか、部署やチームのメンバー全員で考えてみましょう。

まとめ６-９

再現性を高める仕組みを整備していれば、誰かが「困っていること」に直面してもすぐに解決できる。

おわりに

ここまで読んでいただき、有難うございました。

成果を上げたり、仕事ができたり、年収が高かったりするのは、才能。と思ってい
た人もいるかもしれません。

ですが、本書を読んでいただければ、誰もができる「価値ある努力の結果」と気づ
いていただけたのではないかと思います。

もちろん才能がまったく関係ないとは言いません。

しかし私自身は固執・執着とも言えるほどに、この「価値ある努力」と「価値ある
努力の仕組み」を突き詰めていきたいのです。

そしてそれらをあなたに伝えたかったのです。

それが、私が自身の体験から背負った使命でもあり、両親への恩返しでもあり、そ

して社会への恩送りだと思っています。

ここまで解説してきたように、常に高い再現性をもって行動できれば、あなたの評価は高まり、あなたの給与がアップし、あなたが所属する組織の生産性・利益向上をもたらし、よりよい社会が広がっていくという、いいことづくしの結果をもたらします。

ただし、再現性を高めることの意義はそれだけではないと私は考えます。

もっと広い視野で見ると、再現性を高めることは、私たちにとって「**より豊かな未来をつくるためのスタート地点**」となるのです。

個人でも組織でも、再現性を高めていくことを、別の表現にすれば、「**成果をつくるための構造化**」と言い換えてもいいでしょう。

そうやって仕組み化、構造化したものは、さらに「**システム化**」「**デジタル化**」されていきます。

そして、その先にあるのが「**AI（人工知能）化**」です。

汎用型AIがさらに進化・普及していくと、今、人間が行っている多くの仕事はAIがしてくれるようになります。

「自分の仕事がなくなってしまうのではないか」と不安に思う人がいるかもしれません。

たしかに、価値ある再現性をもった仕事ができない人、つまり仕組みをつくっている人に使われてしまっている人は、いずれAIに仕事を奪われてしまうでしょう。

しかし、ニーズを捉え、価値を生み出し、それを個人としても、組織としても、成果として再現性高く生み続けられるよう、仕組み化できる人、すなわち「再現性の塊」は、AIを使う側に回れるはずです。

本書で強くみなさんに伝えたいことは、**付加価値をつくり続けるためには、「再現性」が必要不可欠である**ということです。

もし、毎日必死に頑張っているにもかかわらず、仕事がうまくいかないとしたら、理由は一つです。

それは、あなたが「再現性」を持っていないからです。

人も会社も、今日より明日、明日より明後日と、日々進化・発展していくために絶対に必要な要素が「付加価値」の創造です。

お客様が払うお金よりも、付加価値のほうが高くなったとき、お客様（お金を支払う側）が「ありがとう」と言ってくれるようになる。

日々働いている中で、お客様から「ありがとう」と言ってもらった瞬間、自分自身が「人の役に立っている」という確信を得らえる。

その瞬間を生み出すことができるのが付加価値です。

しかし、それは、単発では、瞬間だけではだめなのです。

たった一回、数回ではなく、継続しなければなりません。

それを可能にする、付加価値をつくり続けられる仕組みが「再現性」です。

多くの人々が、そして多くの企業が「**付加価値×再現性**」**の重要性**を理解し、再現性を高められれば、身近な人やお客様からもっと感謝されるようになるでしょう。

そして会社の利益は自然に上がり、そこで働く人々の賃金も上がり、最終的に誰もが幸せになれる理想的な社会になるはずです。

日々の生活の中で、感謝し、感謝される世界。

それこそが誰もが生きやすく、幸せな社会だと思っています。

「世界中の人々が〝ありがとう〟をもらいながら働き、生きることができる世界を創る」、これが私が経営する会社・カクシンのビジョンです。

本書を読んでくださったみなさんが、「ありがとう」をもらい続けられる人生への一助になっていれば、これ以上に幸せなことはありません。

みなさん一人ひとりが「再現性の塊」になることで、そんな社会を実現できることを心から願っています。そして、その結果として、次の世代を担う子どもたちの世界が、生きがいのある社会になるように、みなさんと一緒に「価値ある努力」を続けていきたいと思っています。

最後に、本書にかかわってくださった方々へ、深く感謝申し上げます。

『付加価値のつくりかた』に続く、本書の担当編集者、かんき出版の金山さん。

執筆にあたって、クライアントやお世話になっている方々に、「再現性」について無数の問いかけをさせていただきました。その仮説と検証の集積を、本書に「答え」としてまとめております。

弊社カクシンのメンバーへ。再現性をもってお客様の付加価値向上にどんどん貢献していきましょう！

そして、忙しい日々を重ね、なかなか会えない私の家族へ（発刊時は、みんなはカナダですね）。学習意欲全開の父（夫）は今日も新しいことを考えています。

日々積み重ねた結果が……みんなの生きる社会をよりよくしますように。

あなた自身の人生によりよい変化をもたらすために、本書は必ず役に立つと信じています。あなたから「価値の再現性」が生まれ、それが世界に広がっていくことを心から願いつつ、ここに筆を置きたいと思います。本当に有難うございました。

各章のまとめ

第1章

「再現性の塊」だけが知っている「仕事の考え方」

まとめ1-1

あらゆる仕事は抽象度を高めると「やっていることは同じ」である。

まとめ1-2

誰の、どんな問題を見つけて、それをどうやって解決し、どんな価値を提供すべきなのか。つまり、他社が「何をやっているのか」という表層ではなく、「何を叶えているか」という本質に注目する。

まとめ1-3

「存在」＝お客様の会社の中に「本来はなければいけないのに、ないモノや、いない人」「なくてもいいのに、あるモノや、いる人」に目を向ける。
「行動」＝お客様の会社の中で「やりたくないのに、やっていること」「やらなければいけないのに、やっていないこと」に目を向ける。
「結果」＝お客様の「行動した結果」を注視する。

まとめ1-4

ソリューションとは、顧客の困りごと（ニーズ）と提供できる機能により、問題解決すること。その問題解決の大きさが、価値を決める。

まとめ1-5

トレンドだけでは売れない。「ニーズ」「シーズ」「トレンド」の要素が含まれた商品が、真に強いものである。

第2章

「仕事の起点」となる「ニーズ」の本質

まとめ2-1

人は心を動かす感動に価値を感じ、お金を支払う。顧客が自分で気づいている顕在ニーズよりも、顧客が気づいていない潜在ニーズのほうが重要である。

まとめ2-2

お客様の言葉から、顕在ニーズだけでなく、その言葉の裏にある潜在ニーズを捉える必要がある。

まとめ2-3

「ニーズの捉え方」の向上は、生産性向上にも直結する。

まとめ2-4

「お金」と「行動」の現実を直視すれば、ニーズの有無を判断できる。

まとめ2-5

「再現性の塊」は、「ニーズの裏のニーズ」を捉えることができる。
ニーズが発生した理由や原因に「ニーズの裏のニーズ」のヒントがある。

まとめ2-6

「付加価値」は、大きく「置換価値」「リスク軽減価値」「感動価値」の3つに分類される。人の心を捉え続けるためには「感動のメカニズム」を学んでおく必要がある。

第3章

「ニーズの裏のニーズ」の捉え方

まとめ3-1

顧客が本当に求めているものは、「商品そのもの」ではなく「商品によって提供される利便性や価値」である。

まとめ3-2

「ニーズの裏のニーズ」にその人の本音が潜んでいる。

人の本音を掴む能力を身につければ、あなたを一生助けるスキルとなる。

まとめ3-3

ニーズを聞く際には、「正論を言う」「アドバイスする」「共鳴する」ことを避けることを意識する。

まとめ3-4

「感情の壁」を取り払うには、「共鳴」ではなく「共感」するべき。

「共鳴」には自分の考えが入っているが、「共感」は自分の考えは一切入れずに、ひたすら相手の気持ちになって（立場に立って）、「そうなんだ。わかるよ」と言ってあげることである。

まとめ3-5

「ニーズの裏のニーズ」は、「共感」「関心」「質問」の3つを使って、「過去」「現在」「サービス直後」といった時間軸を意識してヒアリングする。

まとめ3-6

法人顧客の「ニーズの裏のニーズ」は「生産性のアップ」「財務の改善」「CSRの向上」「コストダウン」「リスクの回避」「付加価値のアップ」に紐づいている。

まとめ3-7

自社のサービスを売り込む際は、法人顧客にとっての「6つの価値」を意識した提案をする。

まとめ3-8

「ニーズの裏のニーズ」は、「なぜその機能・特長・行動・状態（事象）が重要なのか」という、顕在ニーズを深掘りした部分に現れる。

まとめ3-9

1「お客様のニーズに関する知識」を増やす、2「お客様との信頼関係」を築く、3「お客様の成長」に貢献する、ことを意識して、ニーズ探索を進めていく。

まとめ3-10

「ニーズの裏のニーズ」は終わりのないニーズなので、適切なアプローチができれば、再現性高く、商品を買ってもらうことができる。

まとめ3-11

「ニーズの裏のニーズ」がわかっていれば、クロスセルや代替提案もできるようになる。

まとめ3-12

経営者との会話では、「法人顧客にとっての6つの価値」とともに、経営者の原体験に基づく個人としての「ニーズの裏のニーズ」を念頭に置いて話を進める。

まとめ3-13

「ニーズの捉え方」で社会が求めるニーズを価値あるものに変換し、周囲に貢献することで、本当の意味で「自立した人間」として活躍できる。

第4章

キーエンスに学ぶ「ニーズの捉え方」

まとめ4-1

生産性を圧倒的に向上させる秘訣は、従業員一人ひとりが叶える顧客のニーズの量を向上させること。

まとめ4-2

キーエンスは従業員全員が「ニーズの裏のニーズ」を追求する組織体の構造になっており、その設計が抜群に秀逸である。

まとめ4-3

「ニーズの裏のニーズ」を探る過程で、「仕様書を持っているのが自分たちだけ（お客様は持っていない）」状態にすれば、相見積もりを取られることがなくなる。また、「ニーズの裏のニーズ」に紐づく欲求には、個人も企業も「終わりがない」ので、ずっと価値提供を継続できる仕組みが構築できる。

まとめ4-4

「市場のために組織がある」という思想を組織に浸透させることを徹底する。

まとめ4-5

売れるソリューションの条件は、潜在ニーズかつ「ニーズの裏のニーズ」の両方を叶えている。「ニーズの裏のニーズ」の強さは、BtoCの場合、行動に表れ、BtoBでは行動とお金に表れる。

まとめ4-6

人には、「総論」には賛成するが、「各論」が曖昧なままでは賛成できない性質があるため、企画段階で「商品の各論」つまり、利用シーン（アプリケーション）まで考え抜く必要がある。

まとめ4-7

「ニーズの捉え方」の深さは「解像度」と「シーズ」がキーワード。

第5章

「再現性の司令塔」商品企画の考え方

まとめ 5-1

お客様先でずっと役立ち続ける商品は「最強の営業パーソン」である。営業でお客様と会う際は、「言う（言葉で説明する）」「見せる」「体験させる」の3つがポイントとなる。

まとめ 5-2

商品企画は企業活動の中心軸となる仕事。商品企画の専門部署の設置、専任者が組織内で存在しなければ、組織構造の見直しが必須である。

まとめ 5-3

プロダクトアウトの発想で考えた企画を、マーケットインによるお客様への説明、ヒアリングなどでニーズを確実に捉える。

まとめ 5-4

商品のリリースまで幾重もの判断のプロセスを設定することで、失敗の確率を極限まで下げることができる。商品化検討の際は、「営業を動かしてもいいのか」というところまで含めて判断を下す。

まとめ5-5

再現性をもって成功を収めるために大切なのは、キーエンスのように商品の企画段階から販売に至るまで、しっかりとしたプロセスを構築し、そのプロセスに則った経営を全社一丸となって徹底すること。

まとめ5-6

「うちの業界では……」という業界慣例からは、破壊的価値を生み出す新商品企画につながる可能性がある。情報偏差を用いれば、「横展開価値」が生まれる。

まとめ5-7

「たゆまぬ探求心」を持ち続ける覚悟を決める。

まとめ5-8

秀逸な仕組み（今回の例ではPDCAサイクル）を構築していれば、従業員に多くの教育をすることなく、再現性の高い成果をつくることができる。

まとめ 5-9

共通言語を捉え、共通認識（考え方）を持つことで、組織全体の再現性が高まる。

まとめ 5-10

「共通言語」「共通知識」「共通技術」「共通ツール」「共通システム」「評価システム」が仕組み化には必須である。とくに重要なのが「共通言語」であり、組織内での理解を深め、円滑なコミュニケーションを促進し、効率的な業務遂行を支える役割を果たす。

第6章

今日からできる「再現性の高め方」

まとめ 6-1

「組織の再現性」は「個人の再現性」から。

まとめ6-2

「うまくいったこと」「うまくいかなかったこと」を切り分けて整理する。その際、「うまくいったこと」を多く書き出すことを意識する。

まとめ6-3

「うまくいったこと」の「成功理由」を分析し、それと「同じこと」を毎回行ってみる。

まとめ6-4

成果を一瞬で理解してもらうためには、「数値」「変化」「基準値」の3つを伝える。

まとめ6-5

再現性のある方法を組織内で展開するために、「価値の数値化」を行う。

まとめ6-6

「価値の数値化」は、「普段当たり前に行っていること」からしてみると、意外な発見がある。その意外な発見から、大きなインパクトを生み出すこともある。

まとめ6-7

仕事で数字の変化を扱う際は、「絶対値」と「相対値」を分けて考える。

まとめ6-8

再現性は評価の担保になる。

まとめ6-9

再現性を高める仕組みを整備していれば、誰かが「困っていること」に直面してもすぐに解決できる。

ブックデザイン　山之口正和＋齋藤友貴（ＯＫＩＫＡＴＡ）
ＤＴＰ　佐藤純（アスラン編集スタジオ）

【著者紹介】

田尻　望（たじり・のぞむ）

◉——株式会社カクシン　代表取締役　CEO

◉——京都府京都市生まれ。大阪大学基礎工学部情報科学科にて、情報工学、プログラミング言語、統計学を学ぶ。2008年卒業後、株式会社キーエンスにてコンサルティングエンジニアとして、技術支援、重要顧客を担当。大手システム会社の業務システム構築支援をはじめ、年30社に及ぶシステム制作サポートを手掛けた経験が、「最小の人の命の時間と資本で、最大の付加価値を生み出す」という経営哲学、世界初のイノベーションを生む商品企画、ニーズの裏のニーズ®までを突き詰めるコンサルティングセールス、構造に特化した高収益化コンサルティングの基礎となっている。その後、企業向け研修会社の立ち上げに参画し、独立。年商10億円～4000億円規模の経営戦略コンサルティングなどを行い、月１億円、年10億円超の利益改善などを達成した企業を次々と輩出。企業が社会変化に適応し、中長期発展するための仕組みを提供している。また、自身の人生経験を通じて、人が幸せに働き、生きる社会を追求し続けており、エネルギッシュでありながら親しみのある明るい人柄で、大手企業経営者からも慕われている。私生活では３人の子を持つ父親でもある。著書に『構造が成果を創る』（中央経済社）、『キーエンス思考×ChatGPT時代の付加価値仕事術』（日経BP）、発刊10万部を突破した『付加価値のつくりかた』（かんき出版）がある。

いつでも、どこでも、何度《なんど》でも卓越《たくえつ》した成果《せいか》をあげる
再現性《さいげんせい》の塊《かたまり》

2023年12月19日　　第１刷発行

著　者——田尻　望
発行者——齊藤　龍男
発行所——株式会社かんき出版
東京都千代田区麹町4-1-4 西脇ビル　〒102-0083
電話　営業部：03(3262)8011㈹　編集部：03(3262)8012㈹
FAX　03(3234)4421　　振替　00100-2-62304
https://kanki-pub.co.jp/

印刷所——ベクトル印刷株式会社

　ISBN978-4-7612-7715-4 C0030